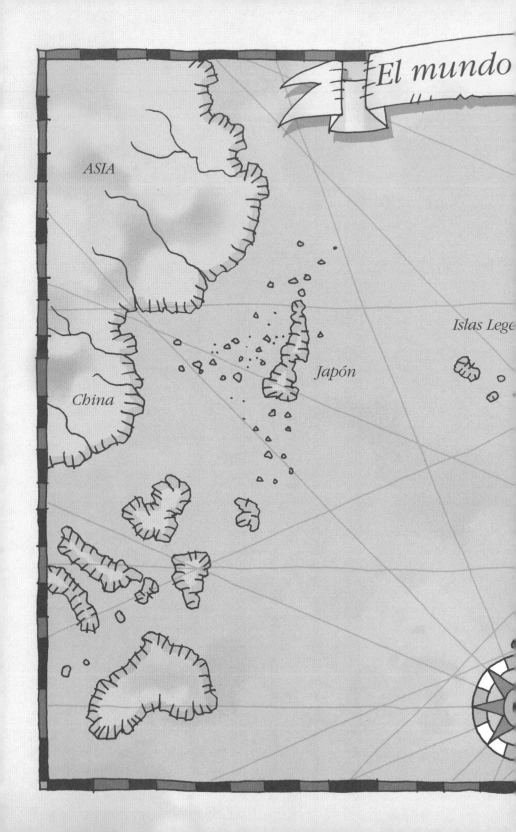

es de Colón

EUROPA

Azores

Lisboa

Madeira

Canarias

ÁFRICA

Cabo Verde

La historia de Cristóbal Colón

¡Tierra a la vista!

La historia de Cristóbal Colón

¡TiERRa a La ViSTa!

José María Plaza
Ilustraciones de Jvlivs

ESPASA

© de la presente edición Espasa Calpe, S. A., 2005
© del texto: José María Plaza
© de las ilustraciones: Julio Carabias Aranda, *Jvlivs*

Diseño y maquetación: Ángel Sanz Martín

Primera edición: noviembre, 2005

I.S.B.N.: 84-670-1957-3
Depósito legal: M. 41.266-2005

Impreso en España/Printed in Spain
Impresión: RAYCAR IMPRESORES, S. L.

Editorial Espasa Calpe, S. A.
Complejo Ática - Edificio 4
Vía de las Dos Castillas, 33
28224 Pozuelo de Alarcón (Madrid)

SUMARIO

1. Tres marinos en el mar 11
2. Jugando a los barcos 18
3. Duro oficio el de grumete 23
4. Navegando por el Mediterráneo 29
5. Un náufrago llega a Portugal 35
6. La última isla del Atlántico 41
7. El elegido 47
8. El mapa copiado 54
9. Un rey tramposo 59
10. El fraile astrónomo 65
11. Córdoba, el gran campamento 70
12. En el círculo del poder 74
13. Los duques andaluces 79
14. Cara a cara con la reina 84
15. Al fin cae Granada 90
16. Tres naves y un viejo marino 96
17. ¿Qué se propone este loco? 102
18. Larga travesía por el océano 107
19. Hacia el 12 de octubre 113
20. El oro de Babel 117
21. El fuerte de Navidad 126
22. Recibido como un héroe 132
23. Los indios atacan 138

SUMARIO

24. ¡Así Dios me lleve a Castilla! 143
25. El Paraíso Terrenal 149
26. Prisionero y cargado de cadenas 157
27. El huracán del diablo 163
28. El día del eclipse 169
29. El secreto mejor guardado 175
FINAL. In manus tuas, Domine... 182

ANEXO
   Cronología de los hechos 189
   Personajes históricos 195
   Tres apuntes finales 199

A **Miguel de la Quadra-Salcedo,**
el mejor continuador de la aventura americana con sus
viajes de la Ruta Quetzal-BBVA que han unido a miles
de jóvenes de las dos orillas del Atlántico,
recordando aquel amanecer en mitad de la Mar Océana en
el que nos despertó a todos leyéndonos —a micrófono
abierto— un fragmento del diario de Colón.

A **Laura González Esteban,** que acaba de abrir los ojos
en este mundo,
a **Laura Rupérez Cerovic,** que vive con los ojos muy abiertos
entre los dos mundos del Atlántico,
y
en especial
a **Laura Wins,**
mi hija, que pertenece a esa generación
que mira con ojos nuevos y busca
de verdad y desde dentro un nuevo mundo.
Un mundo nuevo
para todos.

1

Tres marinos en el mar

abía una vez un niño que vivía en una casa de las afueras de Génova, al lado del convento de San Andrés, no muy lejos del mar.

No conocemos el día que nació, ni siquiera el mes, pero sabemos que fue en el año 1451, y es posible que viera la luz el día de San Cristóbal, ya que sus padres le pusieron por nombre Cristóbal en recuerdo de aquel santo que cruzó las aguas con el Niño Jesús sobre sus hombros y que era el patrón de los viajeros.

Muchos de sus compañeros también se llamaban Cristóbal, aunque no ha de extrañarnos en un lugar de marinos y comerciantes.

Situada entre la poderosa Francia y el ducado de Milán, la república de Génova apenas si era mayor que una ciudad, pero una buena parte de sus habitantes vivía dispersa por el Mediterráneo —desde Grecia a Portugal—, siempre en busca de mercados donde hacer buenos negocios.

El pequeño Cristóbal y sus amigos jugaban en las huertas de los frailes, escalaban la muralla, correteaban por las estrechas callejuelas y, cuando llegaban al puerto, miraban con los ojos muy abiertos a los marineros que contaban historias fabulosas de sus viajes, y entonces soñaban con aventurarse más allá del horizonte.

Pero hasta que ese día llegase tenían que seguir trabajando en el oficio familiar, muy a pesar suyo.

—¡Venga Cristóbal, id a ayudar a vuestro padre con la lana! —solía repetir su madre que, al igual que su marido, procedía de una familia de tejedores.

—¡Que vaya Bartolomé! ¡Miradle, no hace nada! ¿Por qué tengo que ir yo siempre?

—¡Porque sois el mayor, hijo! ¡Corred!

En aquella época los niños no tenían mucho tiempo para los juegos. Había que trabajar y algunos también estudiaban. Nuestro amigo Cristóbal iba a la escuela que habían abierto los tejedores de Génova para sus hijos, y era un alumno con enorme curiosidad por todo lo que le rodeaba.

—¿Esto para qué sirve?

—¿Por qué se despierta el gallo tan temprano?

—¿Hay peces que tengan patas?

A veces las preguntas eran más complicadas. Se notaba que era un niño que no se rendía fácilmente y al que le gustaba dar vueltas a las cosas.

—Si el mundo es redondo, ¿cómo viven los que están debajo de nosotros, en..., en...? —el maestro les había hablado de esas legendarias tierras—, ¿cómo se llama ese lugar?

—Las Antípodas, Cristóbal. No lo olvidéis —le aclaró el maestro, y continuó con la explicación—. En la antigüedad Platón, Aristóteles y otros sabios griegos ya nos hablaron de ellas, pero nadie las ha visto. Si existen, si existieran realmente las Antípodas, ¿cómo vivirán sus habitantes? ¡A ver, pensad un poco!

—¡Al revés que nosotros! —contestó rápidamente uno de los niños.

—Muy bien, Miguel Cuneo, muy bien. ¡Recordadlo! ¡La lógica es la fuente del conocimiento!

Lo que más le gustaba al pequeño Colón era la geometría y la cartografía; disfrutaba trazando mapas, en los que dibujaba islas desconocidas y tierras que se inventaba y de las que era rey. Y fundaba la dinastía Colón para siempre jamás.

—¡Yo llevaré mi nombre bien lejos!

Lo cierto es que Cristóbal Colón tenía gran imaginación, algo que no debe sorprendernos en un niño; pero también muy buena letra, lo que ya es más raro.

—Si no se hubiese inventado la imprenta, os podríais ganar la vida copiando libros —le decía su maestro, que siempre encargaba a su alumno que pasara a limpio los poemas que escribía a una joven a la que vio una vez salir de la catedral de Milán hace cinco años y de la que aún andaba enamorado:«Lagrime triste, et voi tutte le notte...! ¡Lágrimas tristes, vos todas las noches me acompañáis!».

El joven Cristóbal se dijo que nunca perdería la cabeza por una mujer, aunque le gustaba escuchar las aventuras sentimentales de su maestro. También su padre, Doménico, le contaba historias familiares que, a su vez, le había contado el abuelo Giovanni. Todos los años solía repetirle la de la llegada de los Colombo a Génova, cuando sus antepasados dejaron su pueblo, en las montañas de los Apeninos, para buscar el progreso en la ciudad.

—Pero..., ¿no somos nobles? —se dolía con tristeza Colón.

—La nobleza no sólo se lleva en la sangre, hijo, sino en el comportamiento y el corazón.

Estas razones no convencían al jovencísimo Cristóbal, y según fue creciendo estaba más seguro de que tenía que convertirse en alguien importante y conseguir un gran mérito para él y sus descendientes. Así que empezó a pensar qué podría hacer para mejorar de posición, y siempre miraba al mar.

En su tiempo, todo aquel que no hubiese nacido en la nobleza sólo tenía dos caminos para sobresalir: la Iglesia o el Ejército, pero como los Colón vivían en Génova, ciudad de marineros y comerciantes, existía también la vía del mar. El mar como fuente de vida, de riqueza y de reconocimiento social.

—¡Seré marino, capitán, patrón de barco, descubridor...!

Un domingo, Cristóbal estaba con su hermano Bartolomé en la plaza, viendo a los barcos zarpar, y se topó con dos niños que, por su vestimenta, se notaba que no eran de allí.

—¿Quiénes sois?

—Jaime González, caballero aragonés —dijo el más alto y el que entendía mejor la lengua de Colón. Aragón dominaba las islas de Sicilia, Cerdeña y la mitad del sur de Italia.

—Y yo soy Hernán González Díaz de Atapuerca, su primo, caballero castellano de la muy noble ciudad de Burgos. ¿Con quién tengo el honor de hablar?

—¿Qué?

Cristóbal se quedó mudo ante las palabras de aquel muchacho tan osado. Ninguno de sus amigos era como él, pero le gustó su figura caballeresca y su noble manera de decir las cosas.

—¿Queréis jugar con nosotros? —preguntó Cristóbal.

—Si así lo deseáis —respondió Jaime, el aragonés—. Nosotros seremos los caballeros cristianos, y vosotros seréis los moros, y os echamos de vuestras tierras porque nos las habéis robado y vais a ir al Infierno.

Cristóbal no comprendía bien la lucha de Castilla y de Aragón contra los musulmanes, pero sí la de aquellos caballeros cristianos que habían ido a pelear contra ellos en tierras de Oriente. A veces jugaba a los cruzados con sus amigos. Así que sugirió un pequeño cambio.

—¿Podríamos ir a Jerusalén a conquistar el Santo Sepulcro?... Mi hermano y yo seremos los cruzados, y vosotros los descendientes de Saladino.

Los dos niños recién llegados se miraron entre sí, dubitativos.

Bartolomé, el hermano de Cristóbal, como era el más pequeño, no veía con buenos ojos jugar a pelearse, pues al final siempre era él quien recibía los palos.

—¿Y si jugamos a «tres marinos en el mar»? —sugirió.

—¿En qué consiste ese juego? —preguntó Jaime.

—Muy fácil —contestó Bartolomé—. Vosotros os escondéis, y cuando estéis bien ocultos gritáis: «¡Tres marinos en el mar!». Cristóbal y yo contestamos: «¡Y otros tres en su busca van!», y corremos a buscaros.

—¡Yo no sé nadar! —dijo Hernán, el niño castellano.

—No hay que esconderse en el mar —le explicó Bartolomé—. Hay que hacerlo por aquí, en las casas, en los árboles, en las calles, en el puerto...

—¡Ah, bien! Pero, ¿por qué se dice entonces eso de los marinos y el mar?

—Pues no lo sé, nunca lo había pensado. El juego está inventado así y no hay que darle más vueltas.

—¿Y por qué tres si somos dos y dos? —insistía Hernán.

—Tres —improvisó Cristóbal— es el número divino: Padre, Hijo y Espíritu Santo, tres personas distintas y un solo Dios verdadero...

—¡Ah, si es así...!

—Y tres son los continentes de la Tierra —siguió hablando Cristóbal, que conocía bien los mapas y quería demostrárselo a aquellos nobles primos.

—¿Tantos hay ya? —dijo Hernán, que sabía mucho de armas pero muy poco de geografía.

—Claro: Europa, que somos nosotros; África, que está ahí

abajo, entre el Mediterráneo y la Mar Océana —y señaló con su dedo hacia el Atlántico—, y Asia, que es la tierra de las especias, el territorio del Gran Khan y donde vivió el viajero Marco Polo. El maestro nos habla mucho de él...

Estas explicaciones aburrían a los primos españoles, ansiosos de entrar en acción, que interrumpieron a Cristóbal:

—¡Bueno, pues juguemos ya!

En Génova, el mar estaba presente hasta en los juegos más antiguos de los niños, incluso en el escondite.

—¡Tres marinos en el mar...! —gritaron desde un portal próximo.

Los hermanos Colón hallaron enseguida a los dos primos, y cuando a éstos les tocó buscar, no lograron descubrir a Bartolomé y Cristóbal, que se habían subido a lo alto de un tejado de pizarra negra y desde allí contemplaban la muy viva ciudad de Génova y a sus dos nuevos amigos, perdidos en las estrechas, sombrías y laberínticas calles que olían a mar y a comercio.

—¡En el nombre de Dios y del beneficio...!

Era la hora de la comida. En las casas se bendecían los alimentos antes de sentarse, pero ese domingo cuatro niños llegarían tarde a la mesa.

2

Jugando a los barcos

o era fácil ser tejedor. La lana virgen de las ovejas llegaba, recién cortada, desde las montañas, y luego había que batirla, engrasarla, lavarla, peinarla, cardarla, hilarla y finalmente estirarla antes de llevarla al tinte, darle color y recogerla.

El joven Cristóbal no disfrutaba con estas labores y, a diferencia de sus amigos, no se conformaba con su destino. Sabía que él no seguiría el oficio de su abuelo y de su padre, y estaba convencido de que Dios le había encomendado una importante misión en la Tierra. Pero ¿cuál?

Aún era muy joven para que se lo revelara. Mientras, él seguía pendiente del mar.

Al acabar la dura jornada de trabajo, Cristóbal corría por las sinuosas callejuelas hasta el amplio puerto de Génova, el único lugar de la ciudad en donde los ojos podían ver más allá, a un espacio abierto en el que cualquier cosa podía ocurrir. Y miraba bien, como si respirase a pleno pulmón, y observaba los barcos cargados con hierro del Elba, sal de Ibiza, azúcar y algodón de Chipre, madera de Gran Bretaña, vino de las tierras del mar Egeo... Al joven soñador, aquel paisaje le parecía el Paraíso.

No le importaba que el suelo del puerto estuviese cubierto de estiércol, casquetes de barcas, moscas, restos de mercancía y basuras. Allí todo era movimiento, color, vida; y mientras oía el golpear de las olas bajo el muelle, se quitaba pacientemente los piojos del día.

A veces iba con su amigo Miguel Cuneo, y entonces se arrancaban el uno al otro esos bichos de las lanas mientras veían el ir y venir del puerto. Les gustaba mezclarse con los marineros que, rudos y malhumorados, bajaban de los barcos como si no hubiese nadie más en el mundo.

Los dos niños se acercaban a la taberna y debajo de las mesas escuchaban historias sobre piratas ingleses, galeras averiadas que en plena mar hacían agua, prisioneros de guerra que se amotinaban, y también leyendas sobre las fabulosas riquezas de tierras lejanas en las que había ríos de oro.

Un día, tras cruzar la Plaza Blanca y llegar al puerto, contemplaron el desembarco de una galera llena de esclavos negros y hubo algo que les llamó la atención. Sin pensárselo dos veces, el impulsivo Cristóbal fue hacia uno de aquellos marineros.

—¿Por qué lleváis ajos en el cuello? —le preguntó.

—¡Apártate, muchacho, que estamos trabajando!

Los marinos no solían ser muy sociables, y menos con los niños.

—Pero ¿por qué lleváis ajos? —insistió Colón, mirándole de frente.

—¡Ja, ja, ja...! Así me gusta, chaval, que seas valiente —le dijo otro marinero que también llevaba un collar de ajos, y tomándole por el hombro con una de sus manazas, lo arrojó sobre un grupo de esclavos hacinados en el suelo como cualquier otra mercancía. El joven Cristóbal se dio de narices con aquellos negros enormes, sudorosos, sucios, que habían aguantado una larga travesía atados a los remos, encadenados sin poder moverse de su sitio ni para comer ni para hacer sus necesidades más olorosas. Tanta peste hizo que Cristóbal comenzara a vomitar.

—¡Jua, jua, jua....! —se rieron los dos marineros—. ¡Ni el pescado podrido huele peor!

—Venga, vayámonos a casa —le dijo Miguel—, ¡que mañana hay que levantarse temprano!

La escuela y la lana les esperaban puntualmente todos los días.

—¡Otra vez a madrugar! ¡No hay derecho!

Los domingos eran el mejor día de la semana porque no se trabajaba. Lo que más le gustaba a Cristóbal era tocar las campanas. Al hacerlo, se sentía importante y sabía que todos andaban pendientes de la llamada de la iglesia para asistir puntualmente a misa.

A la salida, después de quitarse su ropa de monaguillo, Cristóbal Colón jugaba con sus amigos, y jugaban, jugaban, jugaban hasta la hora de comer.

—¡A que no me pilláis!

Y nadie era capaz de atrapar a aquel niño de piel blanca y pelo rubio que corría más que nadie. Era despierto, listo, hábil y con suerte. Se notaba que quería llegar muy lejos.

Mientras los niños se entretenían de ese modo, los mayores compraban comida en los cientos de puestos de los soportales del puerto y hablaban de su trabajos, pero también del mar, de los últimos descubrimientos y de las historias fantásticas que iban de boca en boca para asombro de todos.

—En la isla de Brazil hay árboles que dan vino, y mujeres muy complacientes —decía el padre de Colón.

—¡Debe de ser la isla de la felicidad! —contestaba el padre de Miguel, mientras comprobaba que su esposa aún seguía comprando.

—Pues hay otra isla que está poblada sólo de mujeres —intervino un tercero—. Se llaman amazonas y dicen que esclavi-

zan a los hombres, aunque nadie ha vuelto de allí vivo para contarlo.

—Cuentan que una nave portuguesa dejó Cabo Verde y estuvo dos días sin ver la costa, perdida en el océano. ¡Imaginaos!

—Pues me han contado que Gonzalo del Cabral ha conquistado las Azores para la corona portuguesa, y hay polvo de oro en todas las islas de ese archipiélago.

A veces los niños escuchaban retazos de estas conversaciones que les llenaban de fantasías la cabeza, y ellos mismos jugaban a descubrir islas llenas de oro.

—¡Yo seré el capitán del barco!

—Jo, Cristóbal, siempre sois todo lo mejor.

—Porque soy el mayor.

—¡Así no vale!

—¡Venga! ¡Subid a bordo, que tenemos buenos vientos!

Y Cristóbal, Bartolomé y Miguel se encaramaron en un árbol que ya era una nave surcando el mar. Cada uno se había hecho dueño de una rama.

—¿Hacia dónde vamos, capitán?

—Hacia donde se pone el sol. ¡Mantened el rumbo fijo, siempre hacia donde se pone el sol!

Los tres niños navegaban sobre aquel árbol inmóvil. En su imaginación estaban en pleno mar, y Cristóbal se lo recordaba.

—El océano es muy grande y tiene que haber muchas islas. Fijaos bien.

—¡Ya me fijo! —dijo Bartolomé, que hacía de vigía desde la copa del árbol.

—¿No veis nada en el horizonte? —preguntó su hermano—. ¿Ramas rotas?, ¿bandadas de pájaros?, ¿delfines?, ¿gaviotas?...

—Ah, sí, sí. Ya lo tengo. Allí, por allí, mirad —estiró su brazo y, antes de caerse desde lo más alto, gritó—: ¡¡Tierra a la vista!!

3

Duro oficio el de grumete

n aquel tiempo los niños crecían muy deprisa. Apenas si habían dejado Cristóbal y Bartolomé de jugar a los barcos en las ramas de los árboles, cuando un buen día llegó su amigo Miguel Cuneo:

—¡Me voy a África! —anunció, eufórico—. ¡Me he embarcado en una galera rumbo a Túnez!

—¿Qué?

—Soy grumete. ¿No os parece una suerte?

—¿Grumete? —repitió Colón sin demasiado entusiasmo. Cuando él soñaba que viajaba en un barco y descubría nuevas tierras, nunca se imaginó de grumete, sino de capitán.

—Sí, grumete —replicó Miguel Cuneo—. Quiero ser marinero, y ya sabéis que hay que empezar desde abajo.

—Yo también quiero ir. Yo también —exclamó Cristóbal, y le preguntó a su padre—. ¿Me dejáis?

Dominico dudó un momento, vio el temor en la mirada de su mujer, y le habló:

—Aún es pronto, Cristóbal, y aquí nos hacéis mucha falta. ¡Aguardad a ser mayor!

—¡Ya soy mayor —protestó—. ¡Si tengo trece años!

—¡No seáis impaciente!

El jovencísimo Cristóbal Colón, como todos los adolescentes, no sabía esperar, pero la vida le enseñaría a tener más paciencia que nadie, e incluso llegaría a compararse él mismo con el santo Job. También era muy testarudo, y cuando tenía una idea clara, luchaba por ella hasta el final.

Al año siguiente, su padre le enroló en el pequeño barco de un patrón que conocía bien: irían a llevar lana al sur de Italia y después pasarían por Córcega para cargar la bodega de verduras frescas. Génova, una ciudad de sesenta mil habitantes, necesitaba toneladas de alimentos para el mercado.

—¡Tratádmelo bien, León, que es la primera vez que sale de casa! —suplicó la madre a un viejo conocido que siempre llevaba un loro en su hombro.

—¡Cuidadle un poco, pero sin pasaros! ¡Que aprenda a ser un hombre! —señaló el padre.

El oficio de aprendiz de hombre no es fácil, y menos en la mar, donde la más dura tarea es la de grumete.

—¡Como no me limpiéis esa olla os voy a hervir en ella! —le gritaba el cocinero.

—¿Qué hacéis ganduleando? —le dijo un marino al verle tomar aliento en un rincón—. ¡Venga, fregad la cubierta!

—¡Si la acabo de fregar a fondo! ¡Está bien limpia!

—¿Limpia? —el marino lanzó un escupitajo que casi roza la cara del asustado grumete—. ¿Os parece que está limpia?

—¡Qué flojos son los chavales en estos tiempos! ¿Y queréis ser marinero?

—¡Capitán! ¡Seré capitán! —señaló el ambicioso muchacho.

—¿Capitán? ¡Jua, jua, jua...! Pues aprended a hacer bien vuestro oficio, capitán grumete —sonrió el marinero con su boca desdentada—. ¿Habéis fregado con vinagre el retrete y frotado a fondo hasta quedaros sin uñas?

—¡Mi camisa! —gritaba el piloto—. ¿Por qué no está zurcida mi camisa?

—¡Ahora voy, señor, ahora..!

No pudo ni acabar la frase, porque el contramaestre le gritaba otra vez.

—¡Grumete! El reloj, el reloj... ¿No habéis visto que ya ha caído toda la arena?

—Yo, señor...

—¡Maldito muchacho! ¡Os voy a sacar los ojos! ¡Total, para lo que os sirven!

Una de las muchas obligaciones de los grumetes era la de dar vuelta al reloj cuando toda la arena estaba en la parte de abajo. Ésa era la manera de contar el tiempo.

—¡Media hora! ¡Ha pasado media hora más! —anunciaba una y otra vez el joven Cristóbal, y así sin parar.

Un grumete nunca descansa.

—¿Qué hacéis ahí tumbado? Corred a regar la cubierta antes de que se agriete la madera. ¡Maldito chaval!

Duro oficio el de grumete, al que todos mandan, gritan y maltratan. Tan sólo León, el marinero que sus padres habían conocido en la taberna del puerto, fue amable con él y por las noches le dejaba dormir con su loro.

Tantas penalidades no mermaron su afición por el mar, y al ver tal entusiasmo y firmeza, el padre decidió que Bartolomé se encargase del taller y a Cristóbal le buscó un oficio en el barco. Ya no sería grumete, sino que se encargaría de vigilar la lana que transportaban a otros puertos próximos.

Así comenzó la experiencia marítima de Cristóbal Colón, con viajes cortos y un trabajo en cubierta, aunque muy pronto se embarcó en una galera militar cuyo objetivo —frustrado— era apresar una nave aragonesa situada frente a las costas de Túnez.

Cristóbal Colón cada vez pasaba más tiempo en la mar, pero la vida en tierra proseguía.

Sus padres, Doménico Colombo y Susana Fontanarrosa, querían que sus cinco hijos viviesen mejor que ellos, así que un buen día dejaron su casa de Génova para trasladarse a Savona, un pueblo en la costa a treinta kilómetros, donde el padre abrió una taberna, y allí Cristóbal, que acababa de cumplir dieciocho años, trabajaba cuando regresaba de sus viajes.

A la taberna solían acudir viejos marineros que ya nadie contrataba y que estaban de más en la ciudad. Como no tenían futuro, consumían su tiempo —medio borrachos— recordando una y otra vez sus viajes y glorias por el Mediterráneo. O incluso por el Atlántico.

El joven Colón se sabía de memoria aquellas aventuras, algunas tan fabulosas que parecían meras fantasías, pero no se cansaba nunca de oírlas y era como si le renovaran la sangre.

Uno de aquellos viejos marineros, sintiendo que su fin estaba cerca, una noche le regaló su tesoro más querido: un pequeño perro.

—¿Un perro? —se sorprendió Colón.

—Ha sido mi consuelo desde que me abandonó la mar —le explicó el solitario marino—, y mi única compañía.

—¡Ah!

—Cuidádmelo bien. Vale más que mi vida.

—Descuide, señor. Lo llevaré siempre conmigo.

—Gracias, muchacho —le dijo, poniéndole su mano en el hombro—. No sólo vais a ser un gran marino, sino que estáis destinado a hacer algo verdaderamente importante en la Historia.

—¿De veras?

—Lo veo en vuestros ojos. Así que voy a daros un consejo.

—Ya lo conozco, señor —le interrumpió Cristóbal—. Todos me han dicho lo mismo desde que subí a un barco: viajad ligero de equipaje, no confiéis en nadie y conseguid todo lo que podáis...

—¡Maldito muchacho, je, je...! Conocéis bien el mundo de la mar —se rió el marinero, y luego, como si mirara más allá del horizonte, añadió, con una voz que no parecía la suya—. Habéis de saber, hijo, que la puerta de lo invisible es visible, y que la Tierra no es lo que parece.

—¿Qué queréis decir con ello, señor? —Colón no lo entendía, pero lo memorizó al instante.

—¡No lo olvidéis nunca!

4

Navegando por el Mediterráneo

uando Cristóbal Colón no había cumplido dos años, ocurrió uno de los sucesos más importantes de la humanidad, ésos que cambian el rumbo definitivo de la Historia y que marcó —junto con el posterior descubrimiento de América— el fin de la Edad Media para dejar paso a la Edad Moderna: la caída de Constantinopla.

La parte oriental del Imperio Romano, que había sobrevivido mil años a la invasión de los bárbaros, se desmoronaba ante el empuje y la fiereza de los turcos, un pueblo que había tomado al pie de la letra las palabras del profeta Mahoma de emprender «la guerra santa» y conquistar nuevos territorios para propagar la fe musulmana por el mundo.

Durante esos años, los turcos continúan su expansión. Europa tiembla y los mercaderes florentinos, venecianos y genoveses ven cómo sus colonias del este del Mediterráneo son amenazadas o desaparecen bajo la presión del Islam.

Un día que Colón fue a Génova para llevar lanas y quesos, se enteró de que se estaba preparando una flota de socorro a los comerciantes genoveses cercados por los barcos turcos en la isla de Chíos.

Era una expedición de salvamento y de guerra, y los víveres y las armas se mezclaban en aquellas naves con escasa tripulación. A pesar de la generosa paga, no había demasiados voluntarios que se animasen a realizar una travesía hacia la muerte. Los turcos eran un enemigo feroz.

Cristóbal no dudó en apuntarse.

—¿Por qué vais allí? —le dijo su madre—. Es peligroso.

—Me han contratado como segundo marino de la nave *Roxana,* y es la primera vez que veré las tierras de Asia. ¿Os imagináis?

—No me gusta nada, hijo.

—¡Iré tras los pasos de Marco Polo!

Marco Polo era el viajero veneciano que había seguido la ruta de la seda y llegado hasta la tierra del Gran Khan. Allí fue recibido con todos los honores por el poderoso emperador de China, que le obsequió con los más fabulosos tesoros, le presentó bellas mujeres y le nombró consejero real. Colón conocía bien la historia. Se la había contado su maestro hacía años, y él también soñaba con ser amigo de un poderoso rey.

El viaje a Chíos fue menos peligroso de lo que se temía. Los turcos tenían otras batallas más urgentes y levantaron el cerco a la pequeña isla.

El joven Colón quedó impresionado del paisaje y las riquezas de aquellas tierras, y se imaginó que más allá de ese Oriente cercano estaban la India y China, pero era imposible para un cristiano hacer tales viajes, pues se había cerrado la ruta de las especias y el oro: los turcos habían cortado el camino.

Al regresar a Génova, la ciudad andaba revuelta. Un día, mientras paseaba por el puerto, Colón se topó con un convoy de comerciantes que estaban cargando sus naves. Se notaba que querían partir cuanto antes.

—¿Hacia dónde os dirigís?

—Vamos hacia la Mar Océana. Llevamos esta mercancía a Inglaterra y Flandes.

Colón era un marino, no un soldado, y vio que había llegado el momento de abandonar aquella ciudad revuelta y de conocer otras rutas, otros países. La navegación hacia la costa de Asia le había despertado el interés por los viajes largos y el Mediterráneo se le empezaba a quedar pequeño.

—¿Puedo embarcarme con vosotros?

—¡Siempre andamos necesitados de buenos marinos! ¿Lo sois acaso?

—Soy Cristóbal Colón, y aunque mi experiencia marítima...

—Yo le conozco —le interrumpió el viejo marino que siempre llevaba un loro en el hombro—. Viajó en la expedición a la isla de Chíos y siempre supo estar en su sitio.

Colón fue contratado como marinero con mando para la nave llamada *Bechalla,* que lucía bandera de Flandes. La flota partía de inmediato, así que corrió a Savona, metió unas pocas cosas en un cofre y se despidió de su familia, como hacía otras veces.

—¡Cuidad bien a nuestra madre! —le recordó a Bartolomé, que se quedaba como señor de la casa, pues su padre había muerto hacía tres años.

—¡Así lo haré, Cristóbal! —le contestó, y los dos hermanos se abrazaron. Siempre habían sidos los mejores amigos del mundo.

Al ver la tristeza de su familia, añadió:

—No os preocupéis. La mar es mi sitio. Nada podrá conmigo.

Lo que nadie sabía, ni siquiera él mismo, es que con aquella partida dejaba el hogar para siempre.

Aún no había cumplido veinticinco años, pero el destino marcaba otro rumbo a su vida.

Ajeno a este designio, Cristóbal Colón salió de su ciudad sin volver a ella los ojos, con la mirada muy firme en el agua, rumbo Sur, para entrar en alta mar y girar camino del Oeste, hacia el misterioso Atlántico, la Mar Océana.

Antes de que pudieran darse cuenta ya habían cruzado el estrecho de Gibraltar y dejaban atrás el cabo de San Vicente, la punta de la península ibérica. Parecía el viaje más tranquilo que habían tenido nunca.

Pero nada más asomarse al Atlántico aparecieron en el horizonte trece naves con bandera francesa. Francia estaba en guerra con Flandes y, al ver la enseña del barco de Colón, se lanzaron hacia el convoy de comerciantes con las armas en alto.

Dura fue la batalla. Las naves se abordaban las unas a las otras y comenzó un interminable combate cuerpo a cuerpo. Las cubiertas de los barcos se habían convertido en un campo de batalla en el que tan sólo se oía el chocar de las espadas, el ruido de las hachas cuando cortaban el aire y el crujir de los cuerpos heridos al caer al suelo.

Larga fue la batalla. Duró todo el día.

Al atardecer se incendiaron tres naves genovesas. Una de ellas era la *Bechalla*, donde viajaba Colón. Impulsado por el viento, el fuego se propagó rápidamente: las velas eran unas nubes de llamas, el palo mayor se quebró y el barco comenzó a escorarse peligrosamente.

—¡Sálvese quien pueda! —gritaron en todos los idiomas europeos, y por esta vez, los comerciantes genoveses y los corsarios franceses olvidaron su pelea.

No sobrevivieron muchos marineros.

Colón, aturdido, cayó al agua y, al ver un remo muy cerca, se agarró a él con toda su alma y la poca energía que le quedaba. Fue demasiado el esfuerzo.

El desfondado marino quedó a merced del viento y de las olas y pensó que había llegado su hora.

Antes de lanzar un último suspiro, abrió los ojos para pedirle a Dios que le acogiera en su reino y entonces, como si fuera un milagro, divisó las arenas de una playa.

—¡Un náufrago!, ¡un náufrago! —gritaron tres niños que recogían conchas.

—¡Parece extranjero! —opinó su madre.

—¡Mirad! ¡Mirad allá! —señaló el mayor.

En el fondo del horizonte aún se veían finas columnas de humo que, revueltas, se juntaban en el cielo. Tres galeras genovesas y cuatro naves de los corsarios franceses seguían hundiéndose.

5

Un náufrago llega a Portugal

uando Cristóbal abrió los ojos estaba acostado junto al fuego de una casa de pescadores. Todavía seguía temblando de frío. Un niño pequeño le miraba como si fuese un bicho raro y, al verle moverse, se echó hacia atrás asustado y llamó a su madre con un grito.

Al instante llegaron sus dos hermanos mayores, peleándose entre sí.

—¡Es mío! ¡Es mío!

—¡No, es mío! Es mi náufrago.

—¡Yo lo vi primero!

Pero Colón no era de nadie. Apenas de sí mismo, y harto esfuerzo le costaba ponerse en pie. Cuando se recuperó, dio las gracias a la mujer y le preguntó cómo podía llegar a Lisboa. Como buen marino y mejor comerciante, sabía manejarse en casi todas las lenguas de la cristiandad.

El hijo mayor le llevó en una barquilla hasta el muelle del pueblo y, tras dos días de espera, tomó una barco que procedía de África y se dirigía hacia la capital de Portugal.

Lisboa era una ciudad algo menor que Génova, pero había algo en ella que le recordaba a su patria. Cristóbal lo notó en cuanto pisó aquel laberinto de callejuelas estrechas y casas bajas de tejados rojos que llegaban hasta un enorme puerto en el que se veía la incesante vida de la ciudad. Una ciudad volcada hacia el mar y hacia los descubrimientos de nuevas islas atlánticas. Colón se sintió como en casa.

Entró en una iglesia para dar las gracias a la Virgen por haberle salvado y, mientras rezaba, un finísimo rayo de sol rasgó la penumbra del templo e iluminó directamente los ojos de la imagen. Cristóbal tembló. Ya sabía por qué se había salvado del naufragio. En ese momento volvió a tener la sensación de que los cielos le habían reservado un destino glorioso.

Sin dinero, pero animado por esta revelación, Cristóbal Colón salió de la iglesia con paso firme decidido a buscar el barrio genovés. Lisboa era una ciudad abierta al mundo: consejeros ingleses, banqueros florentinos, pilotos genoveses y ricos mercaderes de distintas zonas de Italia.

Callejeando, llegó hasta una lujosa casa con un escudo que enseguida reconoció: los Centurione. Desde niño había visto barcos con la bandera de esta poderosa familia de comerciantes, e incluso había trabajado para ellos.

Entró en aquel palacio dispuesto a enrolarse en la primera nave que se dirigiera a Génova, pero la historia de su naufragio era tan interesante que el patriarca le invitó a comer con su familia.

Tras contarles todo lo que recordaba, la madre le preguntó por la ciudad italiana; el hijo, por la lucha contra los corsarios franceses, y el padre, cuando se enteró de que había viajado a la isla de Chíos, supo que aquel joven debía trabajar para él como marinero y comerciante.

—Estoy preparando una expedición comercial a Inglaterra y me gustaría contar con vos como hombre de confianza —le informó.

—¡Hmmm, viajar por la Mar Océana! —pensó rápidamente Colón—. ¡Conocer el Mar del Norte! ¡Llegar hasta los confines de Europa...!

Y aceptó inmediatamente. Los vientos del destino soplaban a su favor.

Lisboa era una ciudad llena de posibilidades para los que quisieran buscarse un futuro en el mar, tal como se respiraba en el ambiente. En las calles se hablaba de las expediciones a África impulsadas por el rey Enrique el Navegante, que había fundado la Escuela de Náutica. Llegados de todo Occidente, los mejores hombres del mar se reunían en aquella ciudad que había descubierto la aventura del Atlántico.

Cristóbal escribió a su hermano Bartolomé para que se fuera a vivir con él y trajera libros de cosmografía y cartas de navegación, pues sabía dónde venderlas a buen precio.

El viaje a Inglaterra no fue fácil. El tiempo había revuelto el horizonte: ¡En ti estás todo, mar, y sin embargo qué sin ti estás, qué lejos siempre de ti mismo!, suspiró Colón, acordándose de aquel niño que iba al puerto a ver los barcos.

Pasado el cabo de Finisterre, una terrible tormenta amenazaba con alejar a los barcos de la costa y arrojarlos a las aguas más profundas del Atlántico. Era lo desconocido.

Crecían los temores de los marineros, que sabían bien que Finisterre era, como su nombre anunciaba, el fin de la Tierra, el cabo del miedo.

—¡Si dejamos de ver la costa no sabremos volver!

—¡Caeremos por un abismo infinito!

—¡Vamos hacia el fin del mundo!

Los marineros eran gente primitiva y llena de supersticiones.

—¡Oh, no, hay serpientes gigantescas y monstruos de siete cabezas!

Pero los pilotos, que se habían formado en las expediciones atlánticas, conocían bien el mar y tenían nuevas cartas náuticas, por lo que podían navegar durante cortos trayectos sin divisar la costa. Así que, en cuanto superaron la tormenta, continuaron rumbo hacia el Norte, camino de Inglaterra. Colón seguía muy de cerca su trabajo y aprendía de cada maniobra.

La primavera en el Mar del Norte no era como en el Mediterráneo: los cielos grises y los vientos helados cortaban la cara y los ánimos. Los marinos lo pasaron mal en cubierta y peor fue la entrada al difícil puerto de Bristol, donde las mareas alcanzaban hasta doce metros de altura. Allí estuvieron a punto de perder una nave. El Atlántico era, sin duda, un mar misterioso.

—¿De dónde procederá todo este caudal de agua? —se preguntó Colón mirando hacia el oscuro horizonte del Poniente.

La expedición siguió avanzando. Los barcos llegaron hasta Islandia, la mítica isla de Thule, donde vivieron los vikingos, fieros guerreros y los mejores marinos de la Edad Media, cuyas hazañas Colón admiraba.

Superadas tantas dificultades y ya con el tiempo a su favor, el viaje de regreso resultó tranquilo. Los viejos temores de la tripulación se habían quedado atrás, pero en Galway, un apacible pueblo de Irlanda, el misterio llegó a sus ojos: en la playa hallaron los restos de dos hombres con rasgos asiáticos sobre una almadía carcomida por los peces.

—¿Cómo han llegado hasta aquí? —era la pregunta que les inquietaba.

Nadie fue capaz de dar una explicación. Los marineros más curtidos decían que el Atlántico no era un océano solitario y que en algún lugar secreto de sus aguas se ocultaban fabulosas islas a las que a veces arribaban barcos perdidos.

—San Brandano es una isla que huele a azufre y parece que en ella está el Infierno, pues sale fuego de sus entrañas...

Cristóbal escuchaba atentamente.

—Dicen que algunos marineros han aparecido en Antilia, pero los que volvieron no sobrevivieron mucho tiempo.

—¿Antilia? —Colón recordaba que, cuando era niño, ya había oído hablar en el puerto de Génova de esa isla.

—Hay gente que cree que Antilia es la isla de las Siete Ciudades —contestó el piloto, y le contó una leyenda bien conocida por los marinos portugueses—. Cuando los moros derrotaron al último rey godo, un grupo de españoles huyeron de la península en siete barcos acompañados de siete obispos. Al cabo de unas semanas de navegar sin rumbo, llegaron a una isla y en ella fundaron siete ciudades.

—¡¡Antilia!! —suspiró Colón.

Al regresar a Lisboa, lo primero que hizo fue dar gracias a Dios en la iglesia del Monasterio de los Santos. Allí solía ir a rezar y un domingo, a la salida de misa, su corazón tembló como si fuese el de un muchacho, y por una vez se olvidó del mar.

6

La última isla del Atlántico

l Atlántico era un mar que se podía explorar. Aquellas islas legendarias de las que hablaron los marineros despertaron la curiosidad de Cristóbal Colón, pero no sus ansias de aventuras. Como buen genovés, no entendía la razón de un viaje si no se lograba un beneficio.

Además, ahora tenía un motivo por el que le apetecía estar en tierra.

—¡Miradla! —le dijo Cristóbal a su hermano—. ¿No os parece maravillosa?

La muchacha, que salía de la capilla, se turbó al ver cómo dos caballeros la observaban fijamente y cambió de dirección para no cruzarse con ellos. Una vez que se alejó, susurró unas palabras a su dama de compañía, y las dos se rieron y miraron hacia atrás disimuladamente.

—Voy a casarme con ella —sentenció Colón, muy seguro de lo que decía.

A Bartolomé le sorprendió el interés de su hermano por una mujer. No recordaba nada parecido desde los tiempos de su adolescencia, antes de conocer el mar.

—¡Es una locura! ¡No habéis hablado con sus padres! ¡No sabéis nada de ella! Puede estar comprometida, ¿no lo habéis pensado?

Pero Cristóbal sabía bien lo que hacía.

—Se llama Felipa Moniz de Perestrello. Su madre pertenece a una antigua familia que ha servido fielmente en la Corte. Su padre, Bartolomé Perestrello, fue un famoso navegante del rey Nicolás que descubrió la isla de Porto Santo y a quien hicieron gobernador de aquella tierra hasta su muerte.

—¡Buena familia! —suspiró Bartolomé.

Cristóbal sonrió y lanzó una última mirada a aquella muchacha a la que ya había enamorado. El siguiente domingo, a la salida de misa, le pediría matrimonio tras hablar con su madre.

Sin embargo, no pudo cumplir tales propósitos. Esa misma semana la familia Centurione buscó a Cristóbal para que viajara con sus barcos a las islas de Madeira y recogiese un cargamento de caña de azúcar. El trayecto hacia el sur, por una ruta bien explorada, se hizo rápido y sin mayores problemas. A las pocas semanas ya estaba en Lisboa, ciudad en la que en pocos meses había aprendido castellano, el idioma que hablaban los nobles portugueses.

Y al fin, a la salida de misa, Cristóbal Colón habló a aquella muchacha, no muy hermosa, que se sintió feliz de que un hombre tan apuesto y bien educado se fijara en ella. Pronto dejó su internado de señoritas y ese otoño se casaron.

—¿Me querréis siempre como ahora?

—No —contestó Cristóbal—. ¡Os querré más!

La familia vivió primero en Lisboa, donde Cristóbal seguía vendiendo cartas de navegación y libros, pues su mujer, aunque noble, no era rica, y luego se trasladaron a Porto Santo, pequeña isla del archipiélago de Madeira, donde vivía la hermana de Felipa, esposa del gobernador de la isla, pues su marido había heredado el cargo de su padre.

Al desembarcar, Cristóbal arrugó su cara, decepcionado: Porto Santo no tenía vida. Era un lugar de paso para los barcos que se

dirigían a las Azores o a Guinea, y tuvieron que sobrevivir vendiendo provisiones a aquellas naves. Una vida triste para un marino que soñaba con hacer algo grandioso, aunque todavía no sabía bien qué.

El tiempo transcurría monótono y sin alicientes. Las ansias de aventuras de Cristóbal sólo se entretenían con las historias de viejos marineros que apenas si se sostenían en pie en la taberna.

—En la isla de Flores encontraron los cadáveres de dos hombres con la piel del color del bronce y las mejillas salientes como las de los mongoles.

—Han llegado a la playa troncos de árboles de especies desconocidas; los vio mi cuñado, ayer...

Una noche en la que todos se habían acostado temprano y Cristóbal permanecía mirando el inmenso mar, más inmenso y desconocido en aquella noche tan cerrada y oscura, bajó su suegra con unos papeles en la mano.

—¿Señora?

—He visto, mi estimado Cristóbal, que tenéis casi tanta afición al mar como mi difunto marido, que en gloria esté, y en cierto modo me lo recordáis. Él soñaba con descubrir fabulosas tierras y..., bueno, esta isla no es que sea demasiado fabulosa, pero demuestra que tenía razón.

—¡Yo, señora...!

—En sus últimos años —prosiguió su suegra—, mi marido se mostraba muy inquieto aquí. Parecía un pájaro en una jaula. Se quedaba noches enteras observando la Mar Océana, así, como vos ahora. Reconozco bien esa mirada —le dijo con familiaridad, y luego le ofreció lo que llevaba entre las manos—. Bartolomé siempre estaba volcado en estos papeles y mapas de navegar. No sé lo que significan, tampoco sé si tienen algún valor, pero si lo tienen, vos lo hallaréis.

—Pero, ¿los conoce el gobernador? Seguramente los querrá él.

—¡Oh, no! —dijo su suegra—, Pedro tiene otras preocupaciones y no sabría apreciarlos! ¡Aceptadlos vos, os lo ruego! Si mi marido viviese, él mismo os los hubiese entregado —y se quedó muda, pensativa, como si estuviese en otro lugar—. A veces me hablaba de nuevas tierras, pero yo estaba más pendiente de ver crecer a mis hijas y no quería oír hablar de aventuras en el mar...

Cristóbal pasó semanas enteras estudiando aquellos papeles que para él eran un tesoro. De repente, aquella isla pequeña, triste y solitaria se había llenado de espacio, de luz y de posibilidades.

Y sucedió que un día en el que el gobernador estaba en Lisboa y Cristóbal Colón ocupaba su puesto, llevaron ante él a un náufrago que habían recogido agonizante en la playa.

Por su aspecto se notaba que había estado demasiados días a la deriva. Era un milagro que aún viviese. Colón lo recibió en su casa, le cuidó con mimo y, cuando al fin pudo ponerse en pie, el náufrago le contó su historia.

—No sé cómo he llegado aquí. ¿Dónde me encuentro, señor?

—Tranquilo, debéis reposar.

—No lo necesito ahora —balbució el náufrago—. Siento que llega mi descanso eterno, pero antes he de contaros algo que me destroza el alma y debo expulsar para poder morir en paz.

Colón le acercó un vaso de agua.

—Soy el piloto de una carabela que iba a las Azores a recoger caña de azúcar. El viaje parecía rutinario, pero al cruzar a la altura del cabo de San Vicente se desencadenó la más terrible tormenta que he visto nunca en mi larga vida de marinero —explicaba, casi agónico.

Colón temía por su vida, pero el marino sentía que era su último aliento y debía contar a alguien el secreto que le quemaba las venas.

—Habéis de saber que nos desviamos de las rutas conocidas y cuando, al fin, pudimos dominar el barco... —el piloto hablaba de forma intermitente, interrumpía su discurso y luego proseguía su historia inconexa—: Han sido semanas de estar a merced del viento y de las corrientes marinas, sin poder gobernar el barco. Llegamos a....

—¡Calmaos, recuperad las fuerzas!

El piloto abrió nuevamente los ojos y prosiguió:

—Entonces sucedió lo más asombroso que un ser humano ha podido ver, lo más increíble. Ninguno de los que seguíamos con vida nos lo podíamos creer. ¡Parecía obra del diablo...!

7

El elegido

 a vida en Porto Santo no era la que había soñado el matrimonio. Cristóbal Colón sentía que estaba encerrado en una minúscula isla, sin más aventuras que las que le contaban los marineros.

Sabía que si continuaba allí, algún día podría ser el gobernador de Porto Santo, pero también recordaba la conversación con el piloto moribundo y el secreto del Atlántico. Lo tenía todo bien guardado en su memoria.

Por de pronto, hizo algunos viajes a otras islas del archipiélago y un atardecer, al regresar a casa, encontró a la familia con los brazos caídos y la mirada perdida.

—¡Felipa ha muerto! —le dijeron, entre lágrimas.

—¿Mi esposa?

Colón no lloró, pero se quedó clavado en el sitio durante algunos días: «Mirar el mar hecho de tiempo y agua, y recordar que el tiempo es otro mar. Saber que nos perdemos como el mar, y que los rostros pasan como el agua». Casi no comía. Sólo miraba el inmenso Atlántico, aquel océano misterioso que se tragaba los barcos perdidos y no tenía un fin conocido.

Las olas oscuras, bravas, tan diferentes a las del mar de su tierra, chocaban contra las rocas y, mientras escuchaba aquel ruido que tenía ya grabado en el cerebro, comenzó a interrogarse sobre su vida: ¿Quién soy yo? ¿Qué hago aquí? ¿Cuál es mi misión? ¿Qué es lo que he hecho hasta ahora? ¿Qué espero de la vida?

Aún recordaba sus sueños de niño, sus ansias de viajar por todos los mares (conocía la mayoría) y su idea de conquistar Jerusalén para la cristiandad, tal como había planeado con aquellos primos de Castilla y Aragón: Jaime y Hernán.

—¿Dónde estarán ahora?... —se preguntó, reflexivo, y suspiró—. ¡Juventud, divino tesoro!

Sin duda, la vida pasaba demasiado deprisa y, por lo tanto, debía comenzar a actuar ya, moverse... El mundo era muy ancho para encerrarse en aquella pequeña isla abandonada de la mano de Dios. Así que al día siguiente tomó a su hijo Diego y, con muy pocas posesiones, embarcó hacia Lisboa, donde vivía su hermano Bartolomé.

En la gran ciudad Colón recuperó el entusiasmo y un día, mientras estaba copiando unos mapas, se dio cuenta de algo en lo que no había reparado hasta entonces:

—¡Mirad, hermano, mirad bien! —y señalando el dibujo, prosiguió—. Por aquí deben de estar Antilia, Brazil, San Brandano y otras más. La Mar Océana está llena de islas desconocidas. Algunos marineros me habían hablado de ellas.

—Llegarían allí por casualidad —respondió Bartolomé, que conocía bien su oficio—. No hay cartas de navegación que nos indiquen su forma ni su posición exacta. Bien pudieran ser meras fantasías, Cristóbal.

—¡Tiene que haber más islas en la Mar Océana!

Hasta entonces los reinos de Castilla y de Portugal habían descubierto —camino de África— los archipiélagos de Canarias, Madeira, Cabo Verde y, hacia el interior del Atlántico, las Azores.

—¡Seguro que sí! —señaló Bartolomé, sin que le preocupara demasiado el asunto.

—Y más allá de las islas está la India y el reino del Gran Khan.... —Colón decía en voz alta algo que se había repetido continuamente durante aquellos últimos meses en Porto Santo—. Como la Tierra es redonda, se podría llegar al Este por el Oeste.

La idea tenía sentido, pero la realidad demostraba que era tan sólo una fantasía, y así se lo recordó su hermano.

—Algunos barcos del rey lo han intentado y han fracasado. Unos tuvieron que regresar en seguida y otros no han vuelto para contarlo. La mar se los tragó para siempre.

—Ellos no tomaron la ruta adecuada —señaló Colón, y convencido, añadió—: Yo no fracasaré.

—¿Estáis seguro? —preguntó Bartolomé con más temor que curiosidad. Conocía bien a su hermano y no era de los que hablaban por hablar. Debía de saber algo que los demás no sabían.

—Completamente. Tengo un camino directo para llegar a la India. El destino me ha elegido.

Bartolomé confiaba en su hermano más que en sí mismo. Así que, sin más preguntas, le dijo que le ayudaría a buscar un empresario que financiase el viaje. Podían acudir a los Centurione.

—Lo he estado pensando mucho, hermano. No soy un aventurero. Lo que realmente busco es establecer una nueva ruta comercial, y quiero ser yo quien la controle. Por eso es necesario que el rey apoye la expedición y me conceda los derechos exclusivos de explotación.

—¿Vos creéis que Juan II lo haría?

—Será el camino más corto y más fácil para alcanzar la tierra de las especias y del oro. Portugal saldrá beneficiada. Y nosotros también.

—¿Cómo llegaremos hasta el rey?

—La familia de Felipa tiene contactos en palacio, aunque... —dudó un momento—, he de demostrar científicamente mi teoría. El mundo es redondo, y hay sabios que dicen que la Mar Océana es estrecha y, por lo tanto, navegable...

—¡Ya lo tengo! —dijo Bartolomé, y corrió hacia el fondo de la casa y regresó con un grueso volumen aún sin abrir—. ¡Mirad! Este libro lo conocen bien los sabios y cosmógrafos y también se estudia en la Escuela de Náutica. Traje un arcón lleno de Florencia y sólo me queda este ejemplar.

Cristóbal Colón miró el título: *Imago Mundi incipit,* firmado por el cardenal francés Pierre d'Ailly.

—¡Hmmm, *Imagen del Nuevo Mundo!*

Como Cristóbal conocía el latín, se encerró en una habitación con aquel grueso ejemplar durante varios días. No le interesaba tanto aprendérselo de memoria como hallar información para probar sus teorías. Así que, con una pluma, anotaba en los márgenes del libro todo lo que se le ocurría y podría serle útil para mostrarlo ante el rey y sus sabios.

El libro era un tratado de geografía y cosmografía en el que se revisaban las teorías clásicas y modernas sobre la Tierra. Se remontaba a Ptolomeo, que seguía siendo la máxima autoridad geográfica. Este sabio griego ya dijo, en el siglo II, que el mundo era redondo, y también que estaba formado por la mitad tierra y la mitad agua. Su compañero, Eratóstenes, dibujó uno de los primeros mapas del mundo, y allí se veía a Europa y Asia formando un solo continente y, por debajo de ellos, África muy achatada. Habían pasado dos mil años y seguía siendo una referencia para entender el mundo conocido.

—Si algún barco quisiera cruzar la Mar Océana —se dijo Colón, en voz alta—, tendría que recorrer la misma distancia que la que hay por tierra entre Portugal y el extremo de la India.

—Ningún barco podría hacer ese trayecto sin escalas —afirmó Bartolomé desencantado, y continuó con sus razonamientos—. Aunque existieran islas en el camino, son tierras desconocidas y salvajes, y allí sería imposible aprovisionarse.

—Escuchad, hermano, Marino del Tiro afirma que las tierras de Euroasia ocupan las dos terceras partes del globo. Así que el océano no es tan amplio como se cree.

Colón buscaba los datos que más se aproximaban a sus ideas y desechaba los demás. En realidad sabía que el Atlántico era estrecho por lo que había contado aquel piloto que murió en sus brazos y sólo necesitaba la autoridad de los sabios para presentar al rey su proyecto. Por eso seguían él y su hermano volcados en los libros.

En este tiempo de lectura y reflexión, Colón se embarcó en uno de los proyectos más queridos por el rey Juan II: la construcción del fuerte de La Mina.

Portugal traía barcos cargados de oro de la zona de Guinea. Los indígenas llegaban de todas las partes de la selva con su oro, que cambiaban a los blancos. Era peligroso tener desprotegida tanta riqueza, y el rey temía el ataque de barcos castellanos que salían de las Canarias y de Palos, así que decidió construir una fortaleza para sus tesoros. Desde Lisboa mandó sus barcos cargados con el material necesario.

Colón conocía bien el Atlántico, pero no había bajado hasta las islas de Cabo Verde ni a Guinea, ya en mitad de África, y se quedó impresionado de la vegetación salvaje, los bosques, los ríos, los árboles y los animales que encontró allí. Nunca había visto nada parecido, un paisaje que no sería muy distinto al que contemplaría en el Caribe cuando llegó a América.

Una vez construido el fuerte, los barcos regresaron cargados de riquezas. A Colón se le abrían los ojos, emocionado. Tenía que darse prisa con su proyecto atlántico. Si se le adelantaba alguien, habría perdido la mejor oportunidad de su vida.

—He navegado por todos los mares que hoy se navegan —suspiró, apoyado en la proa del barco en el momento en que pasaban cerca de las Canarias, y sus ojos brillaron enigmáticos: sabía algo que nadie más que él sabía:

—Por ahí tendré que partir para mi viaje a la India —se dijo, mientras observaba aquellas aguas como si quisiera aprendérselas de memoria.

Al llegar a Lisboa, su hermano Bartolomé fue a recibirle al puerto.

—Hemos ido hasta más allá del ecuador...

—¿El ecuador? —repitió Bartolomé, temeroso.

En los libros de entonces, había autores que decían que las aguas del centro del globo eran muy calientes y sus tierras inhabitables. Los exploradores portugueses y Colón sabían bien lo equivocados que estaban esos científicos.

Con el ánimo renovado, los dos hermanos prosiguieron volcados en los libros que necesitaban leer: *Geografía*, de Plinio, *Historia rerum*, del que luego fue papa Pío XII, y Colón revisó también el *Libro de las maravillas* sobre los viajes de de Marco Polo.

—¿No os habéis dado cuenta, Bartolomé, de algo fabuloso?

—¿Qué es, hermano?

—Entre China y Europa existe una gran isla que Marco Polo visitó y que llama Japón. El camino será, así, más fácil, corto y seguro.

8

El mapa copiado

ras la caída de Constantinopla quedó cerrada la ruta de las especias. Ya no era posible atravesar Asia para llegar a la India. Había que hallar otro camino para el comercio, y el único posible era el mar. Los reyes de Portugal llevaban años buscando una ruta que rodease África, pero este continente, medio desconocido, no acababa nunca y los barcos seguían bordeando su costa sin alcanzar el cabo que les permitiese girar, dar la vuelta hacia el Este.

En aquel tiempo se aceptaba que la Tierra era redonda, y había autores que, desde la antigüedad, habían hablado de ir al Oriente por el Oeste. Aristóteles lo había escrito en su libro *Sobre el cielo y el mundo,* y Séneca, así lo afirmaba: «Con viento favorable, una nave puede llegar, en pocos días, desde Hispania a la India». Pero ambos eran filósofos.

No lo era Colón, que también creía en esas ideas, ni Paolo del Pozo Toscanelli, un médico y astrónomo florentino que llevaba años estudiando tal posibilidad y pertenecía a una familia de ricos mercaderes que se había arruinado cuando los turcos cerraron la ruta de las especias.

El mismo rey de Portugal, cansado de ver cómo sus barcos seguían recorriendo inútilmente una costa africana que se alargaba hasta la desesperación, le dijo a Fernando Martins, su canónigo:

—Hay algunas cuestiones importantes en las que mis sabios no se ponen de acuerdo. Quiero que escribáis al sabio Toscanelli, un viejo amigo de la familia, y le preguntéis: ¿Cuáles son las dimensiones reales de la Tierra?, ¿cuáles son las del océano?, y lo más importante: ¿Es posible llegar a la India navegando por el Oeste con los barcos que tenemos?

Las respuestas a aquellas preguntas reales llegaron muy pronto, pero el rey en esos momentos estaba embarcado en plena aventura africana y se olvidó del asunto. No lo hizo su canónigo, buen amigo de los hermanos Colón, que una tarde se sorprendió de que Cristóbal le hablara de cruzar el Atlántico para llegar a la India.

—¡Qué coincidencia! —señaló Fernando Martins—. Alguien más importante que nosotros sostiene la misma teoría. Aunque ya está muy viejo...

Entonces les contó la iniciativa del rey de pedirle consejo a Toscanelli y sus cartas de respuesta, que venían acompañadas de un mapa dibujado por su propia mano.

—¿Un mapa? —a Colón se le abrieron los ojos—. ¿Podemos verlo?

—Imposible. Está guardado en palacio. Si el rey se enterase...

Cristóbal Colón necesitaba conocer las cartas de Toscanelli, pero eran asunto de Estado y material secreto, pues iban dirigidas al mismísimo monarca, y así se lo recordó, una y otra vez, el canónigo.

Un buen día, sin embargo, ante la insistencia de su amigo y viendo que Colón era un hombre de mar apasionado por la ciencia, Fernando Martins le dijo finalmente:

—Venid mañana a palacio, pues no está el monarca y podré enseñaros las cartas de Toscanelli. Creo que no cometo ninguna incorrección con ello, pues es un proyecto que el rey ha desechado.

Cristóbal llegó con su hermano Bartolomé. Bajo el brazo llevaba un ejemplar de *Historia rerum,* el libro de moda entre los hombres de ciencia de su tiempo, algo que agradó al canónigo.

—¿También vosotros lo estáis leyendo? —preguntó.

—No sólo lo leo, sino que lo estudio, ¿veis? —contestó Colón, y le mostró, muy por encima, las notas y dibujos que había realizado entre sus páginas—. ¡Qué hombre tan sabio! Para mí es una fuente de inspiración constante...

—¡Bien decís!

Lo que no sabía el canónigo es que mientras él hablaba con Bartolomé, Colón copió en las guardas del libro la carta de Toscanelli y el mapa que el sabio florentino había trazado para el monarca portugués. Allí se sugería que para cruzar el Atlántico había que partir lo más al sur posible para aprovechar las corrientes marinas. Algo que ya sabía Colón y que ahora le confirmaba el sabio florentino.

Tras meses de espera, el rey Juan II de Portugal le recibe en su palacio. Cristóbal Colón cuidó su atuendo: casaca entallada, ropa de fino hilo adornada con cintas y encajes y un gran sombrero, que se quitó nada más entrar y movió armónicamente, como si fuese una nave deslizándose entre las olas. Le seguía su hermano Bartolomé cargado de libros.

En la sala estaba el monarca rodeado de sus consejeros y una Junta de Sabios. Todos le miraban con curiosidad y fiereza.

Cristóbal Colón se adelantó y, cuando el monarca le dio permiso para hablar, comenzó con muy buenas palabras alabando la grandeza del rey y su labor por extender la fe y la civilización más allá de los mares y luego expuso, punto por punto, su proyecto de llegar a la India por el océano, a la vez que le comentó la riqueza de esas tierras fabulosas de las que ya había hablado el viajero Marco Polo.

De vez en cuando, Cristóbal Colón, para darle algún dato más exacto, consultaba sus libros, que los hombres de ciencia conocían bien. Y como los conocían, se dieron cuenta de que aquel extranjero sólo hablaba de los datos que le convenían. Y así se lo hicieron saber al rey.

Pero Juan II estaba emocionado por las riquezas de esas tierras, de las que hablaba con tanta seguridad aquel marino, como si ya las hubiera visto alguna vez, y seguía escuchándole casi convencido.

Entonces intervino el obispo de Ceuta, que presidía la Junta de Sabios.

—Recordad que vuestra majestad ha enviado expediciones en busca de Antilia y de Brazil, y las naves que han vuelto no han hallado esas islas ni ninguna otra tierra desconocida.

—Hace diez años —añadió su consejero mayor— concedimos un permiso de navegación a Fernando Teles para descubrir, en vuestro nombre, las Siete Ciudades o cualquier otra isla que encontrara, y tampoco regresó.

—El océano está vacío —intervino uno de sus generales—, y es demasiado ancho para que pueda ser cruzado por una nave.

9

Un rey tramposo

l rey Juan II escuchó atentamente a la Junta de Sabios, dio varias vueltas a la amplia sala, miró a aquel marino genovés que sabía hablar muy bien, y de pronto se dio cuenta de que estaba perdiendo el tiempo. Entonces hizo un gesto con su cabeza y se le aproximó Juan Barros, el cronista real, cuyo oficio era escribir todo lo que sucedía en las audiencias del monarca.

—¿No os convence, majestad?

—No, decidle que abandone el palacio —ordenó el rey—, ese genovés me parece muy orgulloso y soberbio, con demasiada fantasía en la cabeza, además...

—Sí, está un poco loco —le interrumpió el cronista real—. A nadie se le ocurriría pedir lo que pide él si, por un casual, llegara a las Indias: el diez por ciento de todo el comercio, ser nombrado gobernador y virrey de nuevas las tierras, el título de almirante para él y sus descendientes...

—No le deis más vueltas, majestad —añadió uno de los sabios—. El genovés delira. Si no ha llegado ningún barco es porque no puede llegar. Eratóstenes nos lo dejó bien claro: «Si la inmensidad del océano no lo impidiera, se podría navegar de Iberia a la India». Ergo: la Mar Océana es inmensa.

—Y no olvide, majestad —se le acercó otro de los sabios—, que el muy docto Marciana Capella, en su ilustre obra *De nuptiis Philologiae et Mercurii...*

—¡Baaaasta! —le interrumpió el rey—. No necesito escuchar nada más. Comunicad a ese Cristóbal Colón que desechamos su proyecto, y dadle las razones científicas que os parezcan oportunas.

Al oír estas palabras, los miembros de la Junta de Sabios se miraron entre sí, satisfechos. Todos sonrieron, excepto uno:

—Majestad, no debería tomar tan precipitadamente tal decisión. ¿Y si Colón tuviese razón?

—¿Qué queréis decir? —al rey no le gustaba que le llevasen la contraria—. Todos los sabios han probado la inexactitud de sus datos.

—Lo sé bien, majestad, pero en la mar no hay nada seguro. Recordad que Colón estuvo casado con la hija de Bartolomé Perestrello...

El rey lo miró, impaciente, como esperando que le explicase lo que estaba pensando sin dar más rodeos. No podía dedicar toda la mañana a un asunto tan insignificante.

—Perestrello fue uno de los mejores navegantes de vuestro tío-abuelo, el monarca don Enrique. Descubrió Porto Santo, la isla más al oeste de Madeira, y en ella vivió Colón. Tal vez allí conoció a marinos de lejanas expediciones o puede que tuviera documentos y mapas que no conocemos...

—Tenéis razón. No podemos arriesgarnos a que ese proyecto vaya a ofrecérselo a otro monarca. ¡Imaginaos que llega hasta la reina Isabel I! —suspiró el monarca de muy mal humor—. Los castellanos ya se quedaron con las Canarias...

—¿Llamo a Cristóbal Colón, majestad?

—No —decidió el rey, y sus pequeños ojos brillaron como si fueran los de una hiena—. ¡Tengo un plan mejor! ¡Mucho mejor, je, je!

A la salida del palacio, Cristóbal Colón andaba tan aturdido que parecía estar en otro mundo. Avanzaba torpemente por el patio como si fuera otro, y escuchaba sus propias pisadas sin saber de quién eran. No es de extrañar que al pasar por su lado un hombre bien vestido y con el escudo de Castilla en sus ropas, sintiera que estaba viendo a un fantasma.

—¡No puede ser! —exclamó, acordándose de aquel niño de Castilla al que conoció en las calles de Génova.

La figura se detuvo a su lado:

—¿Cristóbal Colombo? —dudó, al mirar su cabello, que empezaba a verse gris.

—¡Hernán González! —exclamó Colón, y fue como si regresara a la realidad—. ¿Qué hacéis por aquí?

—¡Cuestiones de Estado!

—¿Qué queréis decir con ello?

—Portugal y Castilla deben ser amigos. Son más cosas las que nos unen que las que no separan —le explicó su amigo, y enseguida pasó a otro asunto—. Pero dejemos estas cuestiones y habladme de vos. ¿Cómo es que estáis tan lejos de Génova?

—He venido a proponerle al rey un viaje.

—Je, je, je —se rió su viejo amigo—. ¿No me diréis que aún estáis pensando en formar una expedición para conquistar el Santo Sepulcro? ¿Os acordáis de cuando éramos niños?

—No lo he olvidado —dijo Colón, pero como no quería hablarle de su desafortunado encuentro con el rey, preguntó—. ¿Qué es de vuestro primo Jaime?

—Está con el rey Fernando, luchando por conquistar el reino de Granada. Hace más de dos años que comenzó la guerra y no parece que vaya a acabar nunca. Los moros se defienden con valentía y tienen bien fortificadas sus ciudades, que son tan bellas o más que las italianas. ¡Lástima que la guerra las destroce!

Colón se le quedó mirando sin saber qué decir.

—Deberíais haber visto Córdoba antes y después de ser conquistada... —pero no pudo explicarle más, porque alguien le hizo una señal desde la puerta—. ¡Disculpad, me llaman! Si alguna vez pasáis por Burgos preguntad por mí, aunque en primavera iré con las tropas de nuestra reina Isabel. Estoy deseando entrar en combate. ¡Ya verán esos musulmanes de Alá!

Durante unos días Cristóbal Colón anduvo como si fuera un fantasma por las callejuelas de Lisboa. No sabía dónde ir, pero sus pasos siempre le conducían al puerto. Apenas dormía, apenas comía y tenía la cara ojerosa y la mirada vacía. Su hermano Bartolomé trató de animarle.

—No os preocupéis, Cristóbal. Creo que no fue el mejor momento para ir a palacio.

Colón seguía mudo y ausente, como una estatua.

—Volveremos a intentarlo más adelante —le animó Bartolomé—. No todos los sabios estaban en contra, y recordad que el rey comenzó a escucharos muy interesado. Ya veréis, ¡Juan II es un monarca que sabe lo que quiere! En cuanto se dé cuenta de la dificultad del viaje por África, os llamará para estudiar otra vez el proyecto.

—¿Así lo creéis?

Lo que ambos creían dejó de tener importancia al enterarse de que el monarca había mandado una carabela por el Atlántico con rumbo hacia el Oeste, que siguió una ruta muy parecida a la que Colón había sugerido y que no era tan distinta a la que proponía Toscanelli. En lugar de las Canarias, la nave partió de una isla de Cabo Verde, aún más al sur, que era territorio portugués.

Cristóbal Colón lo supo una tarde invernal en la que paseaba con su hermano por el puerto. La indignación inicial dejó paso al temor: Juan II era un rey tramposo del que no se podía fiar.

Colón no se sentía seguro en Lisboa, y aunque la nave que envió el rey regresó al cabo de una semana sin haber conseguido su objetivo, se daba cuenta de que sus días en Portugal habían acabado.

Nada le podía ofrecer ya aquel país que le había convertido en un experto marino y piloto y donde se le ocurrió la idea de atravesar el océano.

Así que un buen día, con la niebla del amanecer pegada a los ojos, se dirigió hacia el puerto y allí se embarcó en una pequeña nave que iba a Palos de Moguer. Quería dejar a su hijo Diego, de cinco años, con la hermana de su mujer, Violeta Moniz, y una vez libre volver a plantearse su futuro.

Tenía que seguir luchando por cruzar el océano: las tierras de las especias y el oro estaban cerca, lo sabía bien, y no podía desaprovechar esa oportunidad que le había concedido el cielo por medio del mar. Al recordar aquel piloto que murió en sus brazos en Porto Santo, le llegaron inmediatamente todas las imágenes de su vida en Portugal desde que pisó, tembloroso, las calles de Lisboa.

Siete años quedaban atrás.

—*Tao cedo passa todo quanto passa!*

Ahora que abandonaba definitivamente aquel país, las palabras, rebeldes, le surgían en portugués. Sin duda, ¡qué pronto pasa todo cuanto pasa!

10

El fraile astrónomo

n la desembocadura del río Guadalquivir, Colón y su hijo divisaron a un tiempo los puertos de Moguer, Palos y Huelva.

—¡Mirad cuántas naves, padre! —señaló Diego, y alzando los ojos, preguntó—: ¿Vamos a vivir aquí?

Colón se fijó en aquel horizonte plagado de carabelas, algunas las conocía, pues eran las que saqueaban las riquezas de los barcos portugueses a pesar del tratado de paz entre los dos países.

Nada más entrar en Huelva, salió a recibirles Violeta Moniz.

—¡Qué niño más rico! —saludó—. ¡Cómo se parece a mi difunta hermana!

Colón no tuvo tiempo de decir nada.

—¿Qué planes tenéis? —prosiguió la mujer—. ¿Pensáis embarcaros en alguna nave?

—Pues...

—En Sevilla hay muchos genoveses, buenas familias, y con grandes negocios. Mi marido les puede hablar de vos...

Cristóbal Colón no tenían aún claro lo que iba a hacer en Castilla. Conocía bien las rutas comerciales y no deseaba seguir trabajando en un barco: «Yo vengo de todas partes y hacia todas partes voy», pensó aquella noche, mientras repasaba su vida, pero se engañaba. Sólo tenía una idea en la cabeza: cruzar el Atlántico.

Por de pronto, se quedó en la casa familiar. Les contaba tantas historias del mar, y de las mareas y de las olas, y de las nuevas islas atlánticas, que un día su cuñada interrumpió sus largas explicaciones marinas:

—Conozco a un fraile que sabe más que nadie de eso de lo que habláis. Es un sabio, y está muy relacionado con la reina. Se llama fray Marchena y vive aquí al lado, en el convento de La Rábida.

Al día siguiente Cristóbal Colón se acercó al monasterio franciscano acompañado de su hijo. En el jardín vieron a un fraile que mimaba los pétalos de una rosa amarilla.

—La paz sea contigo, hermano. Queríamos ver a fray Antonio de Marchena.

—Lo tenéis ante vuestros ojos.

—¿Sois vos el fraile astrónomo?

—¿Me imaginabais acaso en la torre del convento al pie de un telescopio? —el monje sonrió—. No hay que mirar al cielo para sentir la gracia divina. La grandeza del universo se descubre en sus más pequeños detalles.

Desde sus primeras palabras, Colón quedó fascinado por aquel hombre sencillo y sin embargo tan sabio y con tantas ganas de aprender, como comprobaría más adelante.

Pidió un vaso de agua para su hijo, y mientras el niño jugueteaba con el loro de un viejo marino que andaba por allí, Colón y fray Marchena caminaron lentamente sin parar de hablar. Aquel sería el comienzo de una intensa y provechosa amistad.

—¿Así que habéis recorrido todas las rutas comerciales conocidas? —preguntó el monje.

—¿Cómo lo sabéis?

—Este es un lugar pequeño. Aquí no hay secretos que se puedan guardar. Pero decidme, ¿llegasteis a Canarias en vuestro viaje a África?

—¿Por qué lo preguntáis?

—En nuestro convento vive fray Francisco de Bolaño, que en su juventud llevó el Evangelio a los infieles de Canarias e incluso llegó hasta Guinea. Fue un aventurero y un hombre muy piadoso que intercedió ante el Papa para que condenase el comercio de esclavos. Os gustará, aunque ahora está en un retiro en Cádiz —le explicó fray Marchena mientras ascendían a la torre—. Pero contadme, contadme de vuestros proyectos. Tengo entendido que habéis ido por el Mar del Norte hasta la isla de Thule y que habéis bajado por el océano más allá del ecuador? ¡Curiosa trayectoria! ¿Son tan calientes las aguas y las tierras por ahí como se dice, je je?

Cristóbal Colón y fray Marchena hablaron durante días de mares y tierras, de vientos y mareas, de islas desconocidas y de estrellas, de la India y los caminos para llegar a Oriente. Al monje le gustaba el entusiasmo y la seguridad con que aquel genovés vivía todo lo que contaba. Colón sentía admiración hacia ese hombre, así que una tarde decidió contarle su proyecto de cruzar el Atlántico.

—Otros barcos ya lo han intentado y sabéis bien el resultado... —le advirtió el monje.

Colón le habló de las teorías clásicas del océano estrecho, que su amigo ya conocía, de los viajes de Marco Polo y del mapa de Toscanelli. Fray Marchena se quedó admirado de la idea de Colón y le dijo que, desde ese momento, él sería su más firme defensor.

Cristóbal Colón estaba convencido de llegar a la tierra firme por el Oeste, y sólo temía que alguien se le adelantara. Fray Marchena también lo creía. Así que le sugirió:

—En estas tierras vive el duque de Medina Sidonia, que participó en la conquista de las Canarias y tiene una flota propia, aunque ahora sus naves están ayudando a los reyes...

—¿Y los reyes? —se apresuró a preguntar Colón.

—Oh, los monarcas están ahora en plena guerra de Granada. No creo que tengan su cabeza en otra cosa. Pero si la ruta es tal como decís y se ganan nuevas tierras para la cristiandad, quizás nuestra piadosa reina esté interesada en apoyar una expedición —le explicó fray Marchena—. Os daré una carta para mi amigo Hernando de Talavera, su confesor. Él intentará conseguiros una audiencia con los monarcas. ¡De todos modos, no será fácil!

—¡Lo será! —se dijo Colón, que vio en aquel encuentro en el monasterio de La Rábida la mano de Dios. Ahora estaba seguro de que su proyecto marítimo sería para Castilla, y esa misma tarde, y en secreto de confesión, le contó a fray Marchena algo que nunca había contado a nadie (ni siquiera a su hermano).

No le habló sólo de su creencia de que existía tierra firme a setecientas cincuenta millas, sino también de la ruta fijada, las corrientes y aquella visión espeluznante que apenas pudo susurrar, entre sudores y fiebre, el piloto desconocido antes de cerrar los ojos para siempre. Todo ello era su más valioso tesoro, pero también una carga y una pesadilla que necesitaba compartir con alguien de absoluta confianza.

11

Córdoba, el gran campamento

órdoba había sido la capital más hermosa de Europa. Durante tres siglos los árabes mimaron una ciudad de casas blancas, jardines y riachuelos por la que se podía pasear durante horas bajo las luces de sus farolas. Córdoba era una de las más grandes y ricas ciudades de su tiempo, con calles empedradas, casas de baños, bibliotecas, palacios y una mezquita que era el orgullo de su pueblo y podía compararse con la de La Meca.

Sin embargo, cuando Colón entró en la ciudad, aquel lugar parecía el paisaje de después de una batalla bárbara: las fuentes, los canales que transportaban el agua, las flores, las cuidadas calles eran sólo ruina, miseria del antiguo esplendor.

—¿Esto qué es? —suspiró, y entonces se acordó de las palabras de Hernán González cuando se encontraron en Lisboa.

Aún era invierno cuando entró en aquella ciudad devastada, de barro y piedra, que se había convertido en el principal campamento militar de los reyes. Desde allí, los ejércitos cristianos salían puntualmente para la batalla anual contra alguna ciudad del reino de Granada.

Los Reyes y su Corte no habían llegado aún. Cuando lo hicieron, Colón entregó su carta al confesor de la reina, quien a su vez, y mientras esperaba respuesta, le presentó a otros personajes poderosos a los que les divertía la vida de aquel extranjero que había surcado los mares conocidos.

Pero los días pasan lentamente. Colón está impaciente.

—¿Ya le habéis hablado a los reyes de mi proyecto? —le pregunta al arzobispo Talavera.

—Aún no es el momento. La reina espera un hijo y el rey parte la próxima semana con su ejército...

A los dos meses, Fernando de Aragón regresa victorioso y el arzobispo habla a los reyes del marinero genovés y de su ambicioso proyecto de llegar a la India cruzando el Atlántico para hallar una nueva ruta de las especias.

Isabel y Fernando apenas si prestan atención, pues tienen un Consejo Real al que consultan los temas de Estado, y hacia esta institución desvían el asunto.

Colón aguardará largo tiempo la llamada del Consejo, y cuando llega el día no va muy dispuesto al diálogo ante unos funcionarios a los que no les interesaba la aventura por el mar.

El Consejo Real no consideró su propuesta, pero Cristóbal Colón no se desanimó. En los meses de espera en Córdoba se había hecho amigo de algunos de los cortesanos más influyentes: Luis Santángel, Gutierre de Cárdenas, Juan de Cabrero... Todos creyeron en él, dado su entusiasmo y capacidad para contagiar la aventura, y le dijeron que intentarían conseguirle una audiencia con los reyes. No tenía más remedio que seguir a la Corte.

Una vez cumplida su batalla anual contra el reino de Granada, los reyes se retiraron hacia el interior de Castilla. Pasaron por varias ciudades y en una de ellas la reina tuvo a su quinta hija, Catalina.

Al comenzar el año llegan a Alcalá de Henares. Allí —tras once meses de espera—, por fin fue recibido por los reyes en el palacio del cardenal Pedro González de Mendoza, la persona más poderosa del reino después de los monarcas:

—Debéis escuchar al genovés, majestades —les dice—. Es un hombre inteligente, culto, astuto, que sabe muy bien lo que quiere.

—¿Nos conviene? —le pregunta el rey Fernando.

—Absolutamente. Es más lo que podemos ganar que perder.

También la reina tenía curiosidad por conocer a Cristóbal Colón, del que tanto le habían hablado sus cortesanos. El cardenal insistió:

—Las Canarias no son suficiente. Debemos seguir explorando el océano, majestad.

—Sabéis bien —contestó la reina— que nuestros reinos están dedicados en cuerpo y alma a recuperar el reino de Granada.

—No podemos dejar que sean los portugueses los que se adueñen del mar y descubran fabulosas tierras.

Cuando Colón llegó ante los reyes, llevaba consigo varios libros y mapas trazados por él y por su hermano, y comenzó a exponer su proyecto, que al rey le pareció una mera fantasía.

Comparó la ruta de aquel genovés con los mapas de la *Geografía* de Ptolomeo, el libro más reconocido de su tiempo, y se dio cuenta de que no coincidían demasiado. Además, Fernando no estaba tan interesado en llegar a la India como en descubrir ricas tierras llenas de oro y materias preciosas.

Colón seguía hablando, pero el monarca le interrumpió tras consultar a los sabios de su consejo:

—Lo que decís, sólo lo creéis vos. Ninguna autoridad científica mantiene algo parecido. ¿Por qué voy a creeros?

—Consultad a fray Antonio de Marchena, él conoce a fondo mi proyecto y me apoya.

—¡Un sabio! —suspiró la reina.

Tras hablar con el monje, el rey Fernando, más convencido, decidió crear una comisión de expertos que juzgara en profundidad el proyecto. A él le aguardaban otros asuntos de Estado urgentes y debía prepararse para continuar la guerra santa.

12

En el círculo del poder

ientras la Comisión de Expertos deliberaba, los reyes invitaron a Colón a permanecer en la Corte.

La esperanza del genovés se convirtió en espera, en una larguísima espera en la que, sin embargo, no perdió el tiempo. Colón era un hombre que sabía contagiar su entusiasmo por las aventuras del mar y explicando su proyecto puso de su lado a importantes personajes de la Corte.

—¡Ganaremos a Portugal en la ruta por las especias y el oro de las Indias!

—¡Conquistaremos nuevos territorios para la Corona!

—¡Llevaremos la fe a otros lugares del mundo!

De todos sus nuevos amigos, el mejor y el que más le ayudó fue Diego de Deza, un fraile dominico que había sido profesor en la Universidad de Salamanca y ahora era el tutor del príncipe Juan, al que daba clase de latín todos los días.

El monje, un hombre de letras, admiraba al hombre de acción que era aquel genovés que tan bien sabía expresarse. Los dos pasaban largas horas hablando del mundo y de sus maravillas, y el fraile presentó a Colón a sus amigos más influyentes.

Cuando la Corte se trasladó a Salamanca, le alojó en el convento de los dominicos. A Colón le gustaba ir a esperar al fraile al palacio, y poco a poco fue conociendo a los servidores —to-

74

dos nobles— que rodeaban al príncipe Juan. Era un círculo del poder del que no se quería alejar y que muy pronto estaría al servicio de los propios monarcas.

Se hizo muy amigo de Juana Torres de Ávila, la niñera del príncipe.

—¡Qué chiquillo! —comentaba la niñera—. ¡Dice que está enamorado de mí!

—Buen muchacho me parece —señaló Colón—. Traedlo un día con vos y yo le contaré historias del mar. Le divertirán.

—Si le prometéis nuevos dulces, seguro que viene encantado. No he visto a nadie a quien le gusten tanto las golosinas. Tiene sus armarios llenos de membrillo de Valencia...

Siempre que iba a visitar al infante, Colón le llevaba regalos, y así, entre dulces e historias de aventuras, supo ganarse la confianza del hijo de los reyes, aquel muchacho torpe y soñador que estaba destinado a heredar Castilla y Aragón y a convertirse en uno de los monarcas más poderosos de Occidente.

Tras un frío y tranquilo invierno en Salamanca, la Corte se trasladó, como todos los años, a Córdoba. La Comisión de Expertos se había reunido a principios de año para deliberar sobre el proyecto atlántico y, tras cinco meses, ya tenía una respuesta, pero esperó a que pasara el verano para comunicársela a los reyes, muy ocupados en el cerco a la ciudad de Málaga.

El rey Fernando creyó que esta conquista sería sencilla, pero se declaró una epidemia y, de la noche a la mañana, vio cómo sus soldados morían sin entrar en batalla.

—¡Venganza divina!

—¿Qué hemos hecho mal?... —se oía entre los confundidos cristianos—. ¡Dios no está con nosotros!

—¿Lo dudas, hereje? ¡Es una guerra santa!

Al enterarse de aquel desastre, la reina de Castilla tomó su caballo y se acercó hasta Málaga para dar ánimos a la tropa, cada vez menos numerosa. Al final, y una vez tomada ya la ciudad, Isabel decidió vender sus joyas para reclutar un nuevo ejército que siguiera con la guerra. Pero antes, los reyes llamaron a Colón a su palacio:

—La Comisión ha deliberado sobre vuestro proyecto y no lo cree conveniente —sentenció el rey.

—Pero, majestad...

—Callad. Los sabios nos han dicho que vuestra medición del diámetro de la Tierra y la distancia a la India no coincide con la de ninguna autoridad científica. Esos datos sólo existen en vuestra imaginación.

—Yo sé bien lo que me digo... —suspiró Colón, cabizbajo, mientras salía de la sala del reino. Por segunda vez, el mundo se le venía encima. Delante de él sólo había oscuridad. Conocía muy bien esa sensación.

Pero la puerta no se le cerró del todo. Antes de salir de palacio le llamaron. La reina quería volver a hablar con él personalmente tras escuchar el parecer de algunos de sus consejeros, que eran los que se habían hecho amigos de Colón.

—No os desaniméis. La guerra no nos permite ocuparnos de más asuntos, pero quizás, pasado el tiempo, podría ofrecerse mejor ocasión.

—Sois muy cortés, señora.

Cristóbal Colón abandonó el recorrido de la Corte y se quedó en Córdoba, donde negociaba con libros y dibujaba rutas de navegación que luego vendía a los pilotos en Sevilla. Era su manera de sobrevivir.

Aquel desencantado y derrotado otoño se olvidó de su proyecto de cruzar el Atlántico. Sus ojos habían perdido brillo. Se le veía deambular por las calles sin rumbo y parecía otro.

Durante ese tiempo, sus amigos fueron los genoveses que residían en la ciudad. A Colón le gustaba participar en una tertulia

que mantenían en la farmacia de uno de ellos, cerca de la Puerta del Hierro. Allí conoció a Rodrigo Enríquez, cuya sobrina, Beatriz, trabajaba en la taberna a la que iban todas las noches. El marinero nunca se había fijado en esa muchacha de dieciséis años que escuchaba embelesada las aventuras de sus viajes.

Colón no era un hombre enamoradizo, pero se sentía solo y perdido. Una noche la miró por primera vez como mujer y le habló como no habría hablado a nadie:

—¿Me queréis?

—¡Os querré siempre!

Las palabras de ella eran sinceras. La pregunta de Colón, fruto de un momento de debilidad.

No era un hombre que necesitara el amor: la ambición de ser algo grande llenaba su corazón y no había espacio para casi nada más. Y mucho menos para el compromiso.

Un día llegó Beatriz más pálida que nunca.

—¡Vamos a tener un hijo!

—¿Estáis segura?

Antes de un año nació el niño, al que llamaron Fernando, sin embargo Colón nunca quiso casarse con aquella muchacha a la que abandonó, cuando aún estaba embarazada, para irse a Portugal. La aventura atlántica era lo único que existía en su vida.

13

Los duques andaluces

os planes de Colón no podían ir peor. No sólo había sido rechazado por los reyes de España, sino que los navegantes portugueses seguían, infatigables, explorando la costa africana. Hacía tiempo que habían pasado el ecuador, y aunque el continente parecía no acabarse nunca, la expedición de Bartolomé Díaz alcanzó la punta de África y dobló el cabo de las Tormentas, que el rey llamó de Buena Esperanza, pues a partir de ahí se podría girar hacia el Este y viajar a la India por la ruta marítima de Oriente.

Tal acontecimiento fue un golpe demasiado duro para Colón que, al no ver futuro en Castilla, buscaba otro lugar que le cobijase. Ya había escrito al rey de Portugal, Juan II, y éste le mandó una carta en la que le llamaba «mi amigo especial» y le decía que sería bien recibido en su reino.

Colón desconfiaba del monarca, pero viajó a Portugal, y a poco de llegar a Lisboa tuvo que contemplar el triunfal recibimiento que hicieron al descubridor del extremo de África.

—¡Ése tenía que haber sido yo! —le dijo a su hermano—. Si me hubiesen financiado el viaje, yo habría recibido esos honores.

—¡Aún se lo podemos plantear al rey! Ahora estará contento.

—No creo que sea el momento —Colón tenía las ideas muy claras—. Ya han encontrado un camino para la India, y aunque es más largo y costoso que el mío, el rey no estará dispuesto a emprender otra aventura.

—No es tan fácil. Sabéis bien que hace unos meses el rey envió, desde las Azores, dos carabelas en busca de la isla de las Siete Ciudades y las naves no han regresado. El océano es un mar imprevisible.

Colón sabía que no tenía espacio en Portugal ni futuro en Castilla, y en un arrebato de orgullo, y mirando al horizonte atlántico, clamó:

—¡El mundo no se acaba en la península ibérica! —y luego, bajando el tono de voz, le dijo a su hermano—. Tentaremos otros países, pero como no podemos esperar a que se nos adelante nadie, nos dividiremos. Vos iréis a ver al rey inglés mientras yo expondré el proyecto al rey de Francia.

Lo que no sabía Colón es que en Inglaterra había terminado la Guerra de las Rosas y el país no estaba para aventuras marítimas. Tampoco pudo imaginar que la nave en la que viajaba su hermano fuese atacada por unos piratas que le harían prisionero durante más de dos años.

Su destino ahora era Francia. Desde Lisboa, Colón tomó un barco hacia el sur, llegó hasta Huelva para despedirse de su hijo y después pasó por el monasterio de La Rábida para ver a su buen amigo fray Marchena. Hablar con aquel monje astrólogo le animaba, y él necesitaba fuerzas ante el largo viaje que iba a emprender.

En el monasterio, el monje vio a Colón tan inquieto que le dijo:

—No os rindáis tan fácilmente. Si el diablo no me engaña, creo que tengo la solución.

—¡Decidla ya! —su mirada volvió a brillar.

—Aquí, en Sanlúcar, vive el duque de Medina Sidonia, uno de los señores más poderosos del reino, que tiene una larga expe-

riencia en el mar. Sus naves participaron en la conquista de las Canarias...

El duque, al que le llamaban «el rey de los atunes», estuvo encantado de hablar con alguien que conocía tan bien todos los mares, y aunque le gustaba el proyecto de Colón, tenía sus naves repartidas entre Canarias y Granada, donde su flota se encargaba de interceptar las naves musulmanas que llegaban para apoyar las ciudades sitiadas.

—¡Debería haber ido a Francia desde un principio! —se dijo Colón, al regresar.

—No lo creáis, mi querido amigo. A Francia no le interesa la Mar Océana, tan sólo a los corsarios que protege. Su flota se centra en el Mediterráneo —insistió fray Marchena—. Pero hay otro hombre importante que vive en el Puerto de Santa María... —el fraile se puso a pensar.

—¡Hablad ya! —dijo Colón—. ¿Quién es?

—El duque de Medinacelli, es un hombre justo y razonable...

A Colón se le abrieron los ojos como hacía tiempo que no lo hacían.

Al duque le apasionó la vida de Colón, sus viajes por todos los mares conocidos, y se entusiasmó con la idea de conquistar nuevas islas y llegar a la India por una ruta corta y nueva:

—¡Vuestro proyecto puede ser un buen negocio para los dos! —le dijo—. Por aquí tengo tres o cuatro naves libres que podremos emplear. Ordenaré que comiencen a prepararlas.

Durante varias semanas, Colón estuvo viviendo en el palacio de los Medinacelli, donde pasaba largas veladas hablando con Carlos, el hijo del duque, del que se hizo muy amigo. Se sentía satisfecho y pensaba en su hermano Bartolomé, del que aún no tenía ninguna noticia. Le hubiera gustado compartir con él este momento de gloria.

Pero a medida que se aproximaba la fecha de zarpar, Colón comenzó a preocuparse. Aquello no era exactamente lo que había perseguido durante tanto tiempo:

—Si descubro nuevas tierras, ¿quién se quedará con ellas? —se preguntaba—. El duque no me puede garantizar que yo las gobierne.

Por su parte, don Luis de la Cerda se había hecho una pregunta parecida. Los nobles ya no tenían el poder de sus antepasados y ahora los monarcas controlaban estrechamente todo lo que sucedía en sus territorios, incluidas las islas Canarias. Así que el duque le dijo a Colón:

—Conquistar nuevas tierras, mi querido amigo, es un asunto de reyes. Escribiré a la reina para que nos conceda el permiso...

El mismo mensajero que llevó esta misiva, trajo la respuesta de Isabel de Castilla: «Decidle a Cristóbal Colón que venga a verme inmediatamente».

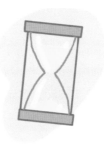

14

Cara a cara con la reina

a reina Isabel de Castilla nació en 1451, el mismo año en que Cristóbal Colón vino al mundo, un detalle que resaltó Colón, con su habitual galantería, en el encuentro que tuvieron en Jaen, donde se había instalado la Corte. Era la primera vez que se veían a solas la reina y él, ya que Fernando de Aragón proseguía en el cerco a la ciudad de Baza, una plaza difícil de conquistar. Y Colón, que sabía llegar al corazón de las mujeres, habló así:

—No creáis, señora, que soy un osado por deciros que el destino nos ha unido.

—¿A qué os referís?

—Hemos nacido el mismo año.

—¡Tengo treinta y ocho años! —suspiró la reina—. Ya he pasado la edad de Cristo. La edad en la que nuestro Señor dio su vida para salvarnos a todos.

—¡También vuestra majestad la está dando por echar a los infieles de la península!

—¡En ello he empeñado mi sangre y mi reino!

Tras un largo diálogo en el castillo de Jaén, Colón le vuelve a explicar su proyecto de cruzar el Atlántico. Pero a la reina no le habla de buscar un camino comercial más corto hacia la India.

—La Mar Océana está llena de islas, como las Canarias. Si apoyáis mi viaje, podremos descubrir nuevas tierras para la cristiandad. Castilla llevará la fe de Cristo a los infieles.

—Decís bien, piadoso amigo. Cuando termine la guerra seréis bien despachado.

—Pero, majestad...

—No os impacientéis. El fin está cerca. Boabdil ha prometido entregarnos Granada en cuanto caigan las posesiones de su tío, y sólo queda en sus manos la ciudad de Baza, que el rey tiene cercada. ¡Aguardad!

Mientras llega ese día, Cristóbal Colón se aloja en las dependencias de la Corte y habla, a menudo, con Alonso Quintanilla, el hombre de confianza de la reina, al que también gana para su causa. Colón está cada vez más convencido de que ha sido elegido por el cielo para cumplir una importante misión, y sigue dando vueltas a su idea de formar una nueva cruzada.

Y como si fuese una señal del cielo, un día que está en palacio contempla la llegada de dos emisarios del sultán de Egipto que quieren ver urgentemente a la reina. Colón escuchará aquel diálogo tras una puerta.

—El sultán, nuestro señor, nos manda para deciros que, si no detenéis la guerra contra el reino de Granada y devolvéis las tierras arrebatadas a nuestros hermanos, matará a todos los cristianos que vivan en territorios del Islam y destruirá la iglesia del Santo Sepulcro de Jerusalén.

Colón, que sabe esperar el momento, le cuenta entonces a la reina el segundo plan de su viaje: llegar a la India, y le sugiere que con el dinero obtenido de explotar la nueva ruta comercial podrían financiar una cruzada para conquistar los lugares sagrados y liberar Jerusalén del domino musulmán.

—Habláis con sabiduría, querido amigo. Sabed que contáis con todo mi apoyo y el de mi reino —le dice Isabel de Castilla, que siempre había sentido simpatía por aquel genovés educado, soñador y obsesivo que sabía luchar por sus ideas. En cierto modo, le recordaba a ella misma.

La ciudad de Baza cayó al fin, tras un duro asedio en el que los cristianos perdieron a muchos hombres. Había merecido la pena tanto sufrimiento. Con ella, la guerra llegaba a su fin. O así lo pensaban los monarcas; pero Boabdil no cumple su palabra de entregar Granada a los cristianos y se encierra en su reino.

La decepción es grande en los reyes, pero mayor en Colón, que ve cómo su viaje se retrasa de nuevo.

Hay que continuar pacientemente con la estrategia militar. El rey construye un enorme campamento en la vega de Granada. Sabe que el asedio va a ser largo, pero al año siguiente los granadinos se rendirán. Demasiada espera para Colón, que se va a Córdoba a ver a su hijo Fernando y después vivirá en casa de los duques de Medinacelli. Allí retoma sus viejos libros y relee los cientos de anotaciones que hizo y que se sabe de memoria: «El estremo de España y el comienzo de la India no están separados por mucha distancia; están cerca, y es sabido que este mar es navegable».

Se sonrió. Ahora estaba seguro de que su viaje sería posible. La reina de Castilla creía en él.

—¿Tardará mucho tiempo en rendirse el rey moro? —preguntaba a menudo a sus poderosos amigos.

—¡Sólo el cielo lo sabe!

Los reyes enviaban a Colón pequeñas cantidades de dinero por sus servicios a la corona y para que siguiese pendiente de la Corte. Incluso fue invitado a la boda de Isabel, la hija primogénita de los reyes, con Manuel, el heredero de Portugal. Cristóbal Colón asiste a esta ceremonia real con los amigos del duque de Medina Sidonia.

Son varios días de fiestas y alegrías.

—¡Castilla y Portugal! No es mala alianza —pensó Colón—. Juntos dominarán el océano, ¡y yo soy amigo de ambos reyes!

Aquel extranjero, que al principio era mirado con recelo y tomado por un loco por sus ideas, se había convertido en un personaje importante de la Corte española. Era amigo de los hombres más poderosos y la reina hablaba con él, le recibía personalmente y creía en sus ideas. Ahora era un hombre respetado, un cortesano de prestigio y, como tal, quiso estar también en la toma de Granada.

Pero Colón llega en el peor momento, pues se acababa de incendiar el campamento y nadie está allí para atender a alguien ajeno a la guerra. Su presencia no es bien recibida.

—¿Qué hacéis por aquí?

—¡Venía hablar con la reina!

—Ahora no estamos para esas cosas.

Ni siquiera sus amigos, los hombres que le habían apoyado desde la Corte, le hacen caso.

El pesimismo y la superstición se extienden entre los soldados, que creen que alguien les ha contagiado la mala suerte, y miran con desconfianza a aquel extranjero que lleva demasiado tiempo merodeando por la Corte.

Colón se da cuenta de que no está en el mejor lugar ni momento, así que decide regresar a su remanso de paz en el convento de La Rábida.

El viaje es largo y, por lo tanto, tiene demasiado tiempo para dar vueltas a una idea que nunca había abandonado.

—Me iré a Francia. El rey me escuchará. Le contaré, si es necesario, lo del piloto. Le enseñaré mis mapas. ¡Es mi última oportunidad!

Cuando llega a La Rábida, le recibe Juan Pérez, el prior del convento, un fraile que había sido confesor de la reina y que también estaba muy interesado en las aventuras marítimas. Colón le cuenta lo que ya había repetido a decenas de personas en los últimos cinco años.

—¡Interesante! ¡Muy interesante! —le dice el monje—. Ya me había hablado el hermano Marchena de vuestro proyecto, pero ahora que os tengo delante y os he escuchado, no me cabe ninguna duda de que sois el elegido.

—¿Lo creéis de verdad? —Colón necesitaba oírlo de alguien más para sentir que era real.

—Sí. Apenas quedan nueve años para que entremos en el 1500. La última etapa de la humanidad está a punto de comenzar y habrá cambios trascendentales. Lo sé. El mundo no será igual después de esta fecha. Conoceremos nuevas tierras. El cristianismo se extenderá por todos los rincones del planeta.

—Así se lo comuniqué a la reina —le informa Colón.

—Pues habrá que decírselo otra vez —dijo el fraile, que recordaba la gran humildad de Isabel, la única soberana de la cristiandad que se arrodillaba ante su confesor—. Os ruego que no os vayáis a Francia, al menos no todavía. Dejadme que le escriba a nuestra piadosa reina.

El monje franciscano envió a un mensajero al campamento de Granada con una carta en la que contaba que Colón estaba dispuesto a proponer su proyecto a Francia. Isabel de Castilla, que tiene en gran estima a su antiguo confesor, le contesta inmediatamente.

—¡Hemos tenido suerte, amigo! —le dice el prior—. La reina quiere que os presentéis de inmediato en el campamento de Santa Fe; manda dinero para que adquiráis ropaje adecuado y, además, os da permiso para comprar un mulo; ya sabéis que ahora no se pueden vender libremente, pues todas las monturas son necesarias para la guerra.

15

Al fin cae Granada

l nuevo campamento de Santa Fe, que sustituyó al que se incendió, era como una ciudad, pero ahora que la caída de Granada era inminente, se estaba convirtiendo en una de las urbes más pobladas de Europa. Todos querían estar allí: la Corte, con sus criados y sus miles de funcionarios, los señores, los marqueses, los condes y los duques. No había un solo noble que no quisiera participar en la triunfal entrada en la Granada musulmana.

También estaba el príncipe Juan con su séquito, los obispos, los comerciantes y, por supuesto, un ejército de miles de soldados venidos de toda la cristiandad, pues la guerra se había tomado en Europa como una nueva cruzada. La lucha de la cruz contra la media luna.

Colón llegó a Santa Fe pocos días antes de la rendición del reino moro, y nada más entrar tuvo un inesperado encuentro.

—Jaime González, ¿qué hacéis por aquí?

—¡¡Cristóbal Colón!!... Os imaginaba en el mar, o acaso en Lisboa. Allí os vio mi primo Hernán.

—Cierto, fue hace más de siete años, pero parece que ha pasado toda una vida. ¡Ved, mis cabellos han perdido el color!

—Todos hemos envejecido en estos duros años.

—Nosotros, los de ayer, ya no somos los mismos —sentenció Colón—. Pero decidme, ¿dónde está vuestro primo? ¿Se ha quedado en Burgos o acaso ha ido a cortejar a alguna mora antes de abandonar la ciudad?

—Mi querido primo ya no está con nosotros. Falleció en el cerco de Málaga.

—¡Estos malditos moros!

—No fue ninguna flecha enemiga, sino la peste. Nunca he visto nada tan terrible. Los hombres se contagiaban los unos a los otros como manzanas podridas. Caían rotos, se quebraban antes de ponerse en pie. La mayoría de mis compañeros han desaparecido... —Jaime recordaba aquella campaña, que fue una pesadilla—. Pero no hablemos de cosas tristes. Hay que mirar adelante. Ahora es tiempo de alegría y esperanza. Se dice que antes de Navidad entrarán los monarcas en Granada.

—¿Estáis seguro?

—Día más o día menos, pero ya se han acordado las condiciones de la rendición.

—¡Buenas noticias! —suspiró Colón.

—Pero no nos quedemos quietos. Acompañadme. Os mostraré el campamento mientras hablamos de los viejos tiempos. Venid, es difícil avanzar por aquí si no se conoce a fondo. Pocas ciudades son tan grandes como este campamento. Media cristiandad se ha reunido a las puertas de Granada. Sólo falta el papa Inocencio.

Los acontecimientos no sucedieron tan rápido como se esperaba. Pasó la Navidad y Boabdill seguía en su reino. El día de año nuevo, sin embargo, Gutierre de Cárdenas, el mayordomo de la reina, entró en el palacio de la Alhambra para aceptar la rendición. Al día siguiente sus hombres tomaban las torres y colocaban campanas en las mezquitas.

A las puertas de la ciudad, el rey moro entregó las llaves al rey Fernando de Aragón, que a su vez se las entregó a la reina Isabel de Castilla, y ésta a su hijo, el infante Juan, que finalmente se las dio al conde de Tendillo, que será el gobernador de la ciudad conquistada. Junto a él estaba un viejo amigo de Colón, el arcipreste Hernando de Talavera, nuevo arzobispo de Granada.

A los cuatro días, el 6 de enero de 1492, los reyes entran solemnemente en la ciudad seguidos de sus más valiosos hombres y quedan asombrados ante la belleza de aquel lugar de fuentes, jardines y paseos bajo los árboles que a algunos les pareció el Paraíso. Pero no habían acabado ahí sus sorpresas. Al descubrir el palacio de la Alhambra se quedaron casi sin palabras. Pocos habían contemplado algo tan bello.

Los reyes, que no están acostumbrados a tal lujo, deciden gobernar desde el campamento de Santa Fe.

La guerra había terminado, pero aún quedaba mucho por hacer. Uno de los asuntos pendientes —y la presencia de Colón se lo recuerda— era la expedición oceánica del marino genovés.

La reina está agotada pero, fiel a su palabra, nombra a una comisión para que se encargue de revisar los detalles de la propuesta de Colón. Ya no van a mirar mapas ni hablar de millas, latitudes, islas, mareas, vientos, Ptolomeo... Ahora se trata de ponerse de acuerdo en las condiciones del viaje. Y cuando, por fin, parece que va a ser posible el sueño de llegar a la India por el Atlántico, Colón está a punto de perder su proyecto de golpe, porque pide demasiado.

—¿Almirante y virrey?... Ese cargo tan sólo lo tiene Alfonso Enríquez, el tío de nuestro monarca —le dice uno de sus amigos, tratando de que entre en razón.

Pero Colón no es razonable: almirante, virrey y gobernador perpetuo de las nuevas tierras, pues esos títulos los han de he-

redar sus descendientes, y además exige el diez por ciento de todas las riquezas de las nuevas tierras, el octavo de...

Y sigue pidiendo.

—Pensad bien lo que decís —le comenta otro amigo—. Estáis a punto de lograr vuestro viejo sueño. No lo desbaratéis en el último suspiro.

—Es poco lo que demando si se compara con lo que ofrezco: tierras para engrandecer el reino y una nueva ruta de las especias y el oro.

Colón no cedía y los reyes le ordenaron que abandonara el campamento de inmediato. La reina estaba cansada y desencantada. El rey, ofendido.

Mientras Colón huía en su mulo cojitranco, lleno de rabia y pensando en ir a Francia, sus amigos hablaron a los reyes, pues estaban convencidos de que el proyecto oceánico sería muy beneficioso para la Corona. Y así se lo hizo saber Diego de Deza al rey Fernando.

—Las nuevas tierra traerán nuevas riquezas —le dijo el fraile al rey, que se dio cuenta de que el reino estaba en bancarrota y ya no recibiría los tributos musulmanes.

—Tal vez tengáis razón.

—No perdéis nada, majestad, pues lo que pide Colón es sobre algo que aún no existe.

Por su parte, Luis Santángel, tesorero del reino de Aragón, habló con la reina.

—No podemos permitir, mi señora, que Portugal se adueñe del océano. Además, ¿que pasaría si Colón acude a otro país y su viaje tiene éxito?

—Sé bien lo que decís, pero...

—Sí, ya sé que nuestro amigo Colón se ha comportado de forma irresponsable y sus peticiones son una locura, pero en estos años en los que le he conocido se ha mostrado siempre como un hombre prudente, sabio y de gran inteligencia.

La reina Isabel le escuchaba cada vez más convencida.

—Pensad que es poca la inversión para los beneficios que se pueden lograr.

—Acaso estéis en lo cierto. Pero ahora no es el momento. Las arcas de Castilla están vacías, aunque, si lo consideráis necesario, estoy dispuesta a empeñar el resto de mis joyas para costear la expedición.

—No es necesario, majestad, yo me encargaré de buscar financiación. En estos años he hablado tanto con Colón del asunto que ya tengo una idea de lo que nos puede costar el viaje, y no serán más de dos millones de maravedíes.

—¡Menos que la boda de la infanta! —pensó Isabel, satisfecha. Y habiendo resuelto, al fin, la situación, dio orden para que fuesen a buscar a Cristóbal Colón, al que hallaron cruzando un puente en su viejo mulo y sin ganas de regresar excepto si le aseguraban que los reyes aceptaban todas sus condiciones.

16

Tres naves y un viejo marino

ueron gloriosos los tiempos en los que Isabel y Fernando, los reyes católicos, arrebataron a los árabes el último dominio de Europa Occidental tras ocho siglos de ocupación musulmana. Hubo tanta alegría en la cristiandad que en todos los lugares de la fe sonaron las campanas y se dieron gracias a Dios por el nuevo territorio que se incorporaba al reino de Castilla.

Fueron gloriosos y verdaderos, como esta historia en la que hemos dejado a Cristóbal Colón, ya en Palos de la Frontera, muy cerca del monasterio de La Rábida, organizando la expedición por el mar.

No era sencillo. Luis Santángel, el tesorero que convenció a la reina, había conseguido la mitad del dinero, y Colón buscó a sus amigos italianos para que participaran en aquel viaje que traería riqueza para todos. La reina, por su parte, ordenó a los ciudadanos de Palos que pusieran a su disposición dos naves en cumplimiento de un antiguo castigo por haber saqueado barcos portugueses en tiempos de paz, y el municipio, muy a su pesar, cedió dos carabelas, llamadas *Pinta* y *Niña*. Pero nadie se apuntaba al viaje.

Los vecinos desconfiaban de las promesas de aquel extranjero. El Atlántico era un océano que imponía. Sin embargo, cuando los hermanos Pinzón, los dos navegantes más reconocidos del lugar, decidieron participar en la expedición, los marineros no dudaron en seguirlos.

En total fueron noventa hombres, expertos navegantes de la zona que conocían el Atlántico, pues habían viajado hasta Canarias e, incluso, a Guinea en busca de oro y esclavos, burlando la vigilancia portuguesa.

—¡Habrá oro, mucho oro para todos! —les prometió Martín Alonso Pinzón, que sería el capitán de la *Pinta,* mientras que Vicente Yáñez Pinzón estaría al frente de la *Niña.*

Colón alquiló una tercera nave, más grande y pesada que las dos carabelas, a Juan de la Cosa, un armador cántabro. En ella viajaron cuarenta hombres, entre ellos una docena de marineros vascos y un lobo de mar que nadie sabía de dónde era, pero a quien todos conocían como el viejo León, aunque él insistía en que le llamasen Leoncio.

—¡Esperadme, hip, esperadme, hip...! ¡No os podéis ir sin mí! —se oyó en el puerto de Palos media hora antes del amanecer de un tibio viernes 3 de agosto. La expedición iba a partir y los marineros se reían de aquel viejo que en cuanto se ponía en pie ya estaba otra vez con la cara en el suelo.

—¡Esperagggggme, esperagggggggme! —repetía una voz aguda, a sus espaldas, al tiempo que aleteaba.

Colón salió a cubierta y ordenó que recogieran a aquel hombre y lo subieran a su nave, pese a las protestas de los marineros.

—Pero almirante, es un viejo borracho que no sirve para nada más que para meternos en problemas.

—Traedlo. ¡Siempre habrá tiempo de arrojarlo al mar si la ocasión lo requiere! —dijo fríamente, sin creer en lo que decía.

Colón no había olvidado a aquel viejo marinero: sus vidas se habían cruzado en distintas partes de Europa. Fue el aguador de la primera nave en la que embarcó de grumete, cuanto tenía catorce años; después lo encontró por las tabernas de Lisboa y luego coincidirán en la expedición portuguesa a Guinea, aunque recordaba que se quedó en el fuerte de La Mina. Y cuando llegó a España con su hijo Diego, tropezó con él en los alrededores de La Rábida, monasterio del que no solía alejarse pues decía que los frailes tenían el mejor vino del mundo. A Diego le gustaba jugar con el loro que León llevaba siempre consigo desde su último viaje a África.

—Gracias, capitán, hip...

—¡Almirante! —le corrigió Colón. Desde que los reyes le concedieron los títulos que pidió, y aunque aún no había descubierto nada, exigía que se dirigiesen a él como «señor» en tierra y, en la mar, como «almirante».

—Eso digo, comandante. Eso digo yo, que si hay que buscar oro, Leoncio es un lince. Preguntádselo a los portugueses de La Mina, hip, hip, hip... ¡Lástima que el oro se evapore más rápido que el vino!

Cristóbal Colón no olvidaba que, además de fray Marchena, aquel marinero fue el primero en creer en su proyecto en tiempos en que todos se burlaban de él. Muchas tardes, en los momentos de desánimo, le había escuchado con tanta atención como si estuviera ante una buena jarra de vino. Por eso, Cristóbal Colón, ahora ya «almirante de la Mar Océana», permitía al viejo borracho confianzas que no consentía a nadie más.

—¡Adelante marineros!

Era la hora de partir. Al amanecer las tres naves salen del puerto en orden de tamaño. Encabeza la marcha la *Santa María*, a la que llamarán la nave almirante o la nave capitana, seguida de la *Pinta* y finalmente la *Niña*.

Todos conocían bien el trayecto hasta Canarias, una ruta con vientos y corrientes favorables, por lo que esperaban llegar en una semana sin mayores problemas.

Colón estaba feliz: delante de él, la Mar Océana, la gloria; mientras que en tierra, Diego, su hijo de doce años, había entrado como paje al servicio del príncipe Juan y seguía la tradición de estar cerca del poder.

Pero tanta dicha no duró mucho tiempo. A los tres días se desprende el timón de la *Pinta*. El almirante sospecha que su propio dueño la ha saboteado para no adentrarse con ella en el profundo océano. Al día siguiente vuelve a estropearse, y cuando llegan a la isla de Gran Canaria, intenta cambiar la nave, pero al no hallar otro barco mejor, manda sustituir el timón de la *Pinta* y cambiar las velas a la *Niña* para que sea más ligera.

La expedición permanecerá casi un mes en las islas. Al fin, un 6 de septiembre salen de la isla de Gomera con una consigna clara: al Oeste, siempre al Oeste.

Antes de partir, el almirante llama a los hermanos Pinzón, capitanes de las dos carabelas, y les habla así:

—Si perdéis de vista la nave almirante y no veis tierra, deteneos una vez que hayáis avanzado algo más de setecientas millas rumbo a Poniente.

Cristóbal Colón sabía que a esa distancia deberían encontrar tierras, y esa certeza fue la que le dio fuerza y ánimo para estar siete años persiguiendo una idea que tuvo muy clara desde que el moribundo piloto de Porto Santo le mostrara un rudimentario mapa que se sabía de memoria.

El ambiente de cubierta estaba cada vez más revuelto. Los marineros miraron hacia popa y se dieron cuenta de que ya se había perdido de vista la punta del Teide, la última referencia de la costa. Ya están solos en alta mar.

El inmenso y desconocido océano les abre sus brazos.

Los marineros cierran los puños, se santiguan una y otra vez, se confiesan los unos a los otros y vuelven a rezar al tiempo que se preguntan por qué decidieron embarcarse en aquella absurda y maldita expedición.

Colón los mira sin decir nada: los hombres están inquietos, pero sabe que cuando se ponga el sol será peor.

En la noche los temores se desatan y el más pequeño movimiento o ruido es interpretado de una manera alarmante. Para ellos, el océano no es sólo un mar inexplorado y sin fin, sino un inmenso, oleaginoso y hambriento monstruo que en cualquier momento puede despertar.

17

¿Qué se propone este loco?

ristóbal Colón era un experimentado marinero y un hombre astuto que siempre veía más allá de lo que le mostraban sus ojos. Tan sólo su ambición le cegaba en determinados momentos. No era ésta la ocasión: al Oeste, siempre al Oeste, había dicho, pero a poco de avanzar, y cuando ya hacía tiempo que habían perdido las referencias de la costa, manda girar a la izquierda, dirigir el rumbo de sus barcos hacia el Suroeste.

—¿Qué se propone este loco? —se preguntan los asustados marinos.

El almirante sabía bien lo que hacía y tenía dos razones para ello: despistar a una escuadra pirata de naves enviadas por el rey de Portugal para impedir el éxito del viaje y, sobre todo, buscar los vientos alisios, que soplan durante todo el año desde el centro de África hacia el entonces desconocido mar Caribe. Una vez que una nave alcanza esa zona, las corrientes marítimas la impulsan hasta el otro extremo del océano.

Si habían fracasado la expediciones anteriores se debía a la poca fe de los capitanes y a la equivocada ruta tomada. Los barcos, al adentrarse en unas aguas desconocidas, partían de un lugar en el que soplaran vientos en contra, pues así tenían garantizado el regreso. Sin embargo, en tales corrientes es muy dificíl recorrer grandes distancias.

—¡Bajad más hacia el Sur! —repetía Colón a los incrédulos pilotos, marinos curtidos en la mar, que veían que aquella orden iba en contra de toda la lógica: cuanto más se aproximaran al ecuador, la circunferencia de la Tierra sería mayor y, por lo tanto, el viaje más largo.

—¿Hacia dónde nos quiere llevar este extranjero? —se decían los unos a los otros, y comenzaron a asustarse cuando Colón insistió en que siguieran aún más hacia el Suroreste, entrando en aguas que pertenecían a Portugal.

—¡¡Está loco!! —se oyó, como un eco general, en las tres naves. Si a algo temen los marineros, más que al mar en calma, más que a un ciclón, más que a un tirano, es a un capitán loco.

El almirante ve la desconfianza en la tripulación, reúne a los marineros con mando y les habla:

—No debéis preocuparos. Tengo un mapa secreto —y les enseña uno falso—; lo he estudiado bien durante siete años y he consultado a los grandes sabios, y sé que a setecientas cincuenta millas al Oeste de este paralelo hallaremos tierra.

Cristóbal Colón, que ya ha falsificado el diario oficial de a bordo por si cae en manos portuguesas, llevará una doble cuenta de la distancia recorrida: la que considera real, que escribirá en clave, y la oficial, que siempre será mucho menor.

—Hoy, 12 de septiembre, hemos recorrido cuarenta y ocho millas —escribe, pero él sabía que habían sido sesenta.

Es un atardecer extraño. Lo nota al respirar. Desde el puente de cubierta observa la vida del barco y de pronto se da cuenta de que en la tripulación hay carpinteros, toneleros, sastres, médicos, boticarios, pero no ha embarcado ni un solo monje o fraile. Le hubiese gustado llevar con él a fray Marchena, su confidente de tantas cosas. No sabe en quién confiar: la mayoría de los marineros son de Palos, aunque en la *Santa María* no predominan los andaluces sino cántabros, como Juan de la Cosa, además de una docena de marinos vascos, tres italianos, un portugués, tres funcionarios reales y el traductor, Luis Torres, que le podrá servir cuando llegue a la corte del Gran Khan.

—¡El Señor esté con vos, mi almirante! —le saluda, al pasar, Luis Torres, que es judío.

El mismo mes que los reyes autorizaron su viaje atlántico, firmaron una orden de expulsión de todos los judíos del reino o su conversión a la fe católica. El plazo para dejar el país se cumplía a la vez que la partida de las tres naves de Palos. Colón no sabía que de los doscientos mil judíos que había en España, casi la mitad se convirtieron al cristianismo y el resto escapó como pudo. Algunos, en su expedición.

Cuando los últimos rayos del sol chapotean fugaces por el horizonte, Colón baja a cubierta en busca de Diego Arana, al que ha nombrado alguacil de la armada. Se trata de un cargo de confianza, pues su misión consiste en administrar el agua potable de la nave.

Pero Diego no está. En su lugar contempla al viejo marino con las narices rojas y su loro saltando por encima del barril.

—¿Dónde se ha metido el alguacil? —pregunta indignado.

—Oh, comandante, mi general, el joven Diego me ha pedido que me quede aquí guardando el agua, porque él ha ido a hacer algo que otro no puede hacer por él —contesta el viejo León—. ¡Estará en cuclillas en la barandilla de popa!

—¡Le ordené que no abandonara jamás este sitio!

—Oh, por mí no debéis precuparos, general, que yo no tocaré el agua, ¡uagh! —y le entra un vómito—. Me revuelve el ¡brggg! el estómago.

—¡Addddggggo.... addddgggggo! —repite el loro, que ha de alzar el vuelo para evitar que su amo le salpique. El viejo León parece que ha echado las vísceras por la boca nada más imaginarse que bebía un trago de agua potable.

El almirante deja a nuestros amigos y pasea por cubierta. En el aire se respira una extraña calma que no le gusta nada. Es el sosiego que precede a la tormenta, lo sabe, pero no le da más vueltas y vuelve a su camarote.

Al amanecer del día siguiente, el almirante contempla a sus hombres más nerviosos que nunca. Nadie dice ni hace nada fuera de lo habitual, pero el ambiente es como un polvorín pendiente de que algo encienda la mecha.

—¿Qué es lo que sucede? —pregunta a su ayudante.

—¡Señor, llevan una semana en alta mar! —le informan—. ¡Nadie había estado tanto tiempo sin ver tierra!

—¡Ya se acostumbrarán!

—También están preocupados por el regreso. Con este viento a popa es imposible volver a casa.

—No os preocupéis. Todo está pensado. ¡Id a tranquilizarlos!

18

Larga travesía por el océano

o era fácil apaciguar a unos marineros embarcados en un viaje a lo desconocido en el que, a cada rato, se llevaban nuevas sorpresas. Y así, un tranquilo amanecer, los primeros hombres que abrieron los ojos descubrieron que el océano era verde, un verde vegetal que se iba haciendo más oscuro según avanzaba. El agua estaba llena de una hierba espesa que amenazaba con dejarles atrapados en mitad de la nada. Cunde la alarma en la tripulación, y aún más cuando contemplan a la deriva el mástil carcomido de un antiguo barco.

—¡Moriremos todos! ¡Virad, virad la nave!

El piloto miró al mismo tiempo a sus compañeros y al almirante.

—¿Continuad! ¡Seguid recto! —le ordena Colón, muy seguro, ante el temor y pasmo de los marinos, pues aquellas plantas, que amenazaban con atraparlos como si fuesen los brazos de un gigante, se apartaron dóciles ante el empuje de la nave.

Es el Mar de los Sargazos. Colón presupone que se trata de una pradera desprendida de alguna isla próxima, así que todos abren mucho los ojos. Nadie olvida que la reina ha prometido diez mil maravedíes al primero que vea tierra firme.

Pero no hay tierra por ninguna parte.

A los veinte días de travesía, los pilotos de las naves comienzan a comentar que, según sus cálculos, ya han recorrido más de setecientas cincuenta millas y la tierra prometida no se divisa en el horizonte. Esta información corre y crece de boca en boca por cubierta.

El almirante sabe que se está preparando un motín y que peligra su vida, así que lanza un disparo al aire para que Martín Alonso Pinzón se reúna con él en la nave capitana.

Tras una larga discusión, los dos hombres llegan a un acuerdo y Pinzón le dice a Colón que calmará a los marineros durante ocho días, pero que si en ese tiempo no han visto tierra, deberán volver. Al almirante no le queda más remedio que aceptar la oferta.

—¡Escuchadme —grita Martín Alonso en el puente de cubierta—, éste no es un viaje comercial más, sino una expedición de descubrimiento apoyada por la reina. Así que navegaremos ocho días más y, si causáis problemas, colgaré a media docena de vosotros del palo mayor.

Todos entendieron sus argumentos y cesaron las murmuraciones al instante. Los últimos rayos del sol iluminaban el horizonte, y en esos breves minutos en los que se alcanzaba la máxima visibilidad en el mar, Pinzón, que buscaba su nave, miró a lo lejos y de pronto gritó: «¡Tierra!».

Y «¡Tierra!», como un eco, se oyó entre los marinos de las tres naves, que treparon por las velas y el palo mayor y repitieron «tierra, tierra» convencidos. Incluso algunos se lanzaron al mar alegremente y los delfines se les acercaron con curiosidad.

Al amanecer del día siguiente, la tierra había desaparecido. No se trataba de un espejismo, pues demasiados marineros la habían visto. Muy posiblemente era un pequeño islote de las islas Vírgenes.

A partir de entonces, comenzaron a ver de vez en cuando gaviotas, golondrinas, bandadas de pájaros de mar y tierra, también peces voladores que caían en cubierta antes de ir a la despensa, y hasta una ballena.

El océano se animaba, pero la costa no aparecía por ningún lado a pesar de que el grito de «tierra» se oyó en cubierta en más de una ocasión.

Cuando pasaron los ocho días señalados, Martín Alonso habló con Colón:

—Ha transcurrido el plazo pedido, almirante, y no hay rastro de tierra.

—La tierra está cerca. Lo sé. Os ruego que me concedáis unos días más, pues debido al viento en contra nuestras naves no han avanzado todo lo que debían.

—Está bien, almirante, pero sólo unos días. La tripulación se impacienta y, de continuar así, no sabré calmarla.

Antes de saltar a su nave, Alonso Pizón retrocedió unos pasos y, mirando al horizonte, habló:

—Sin duda, almirante, habéis visto esos pájaros que revolotean delante de nosotros —en el cielo, velado de improviso, una bandada fugitiva había comenzado a desviarse—. Sería conveniente seguirlos, pues de todos es sabido que esas aves van a dormir a tierra.

—Ningún pájaro ha de decirme cómo gobernar mis barcos —respondió Colón, exaltado—. ¡Mantendremos el rumbo previsto!

Como el almirante no era razonable, Martín Alonso Pinzón, que iba en la nave más ligera, ordenó girar a la *Pinta* hacia el Suroeste. Su hermano Vicente Yañez le siguió con la *Niña*, y Colón no tuvo más remedio que ir detrás de ellos para no quedarse solo en el océano.

Lo que no sabía el almirante era que, de continuar recto su camino, como tenía previsto, habría llegado a las costas de Florida, siempre que hubiera sido capaz de superar los peligrosos arrecifes de la zona.

Los hombres veían que cada vez se alejaban más de su patria sin hallar tierra y que, si continuaban así, no les quedarían provisiones para la vuelta. Comenzaron de nuevo a murmurar, a reunirse en corrillos y conspirar. Tenían que hacer algo, y los marineros con mando y los pilotos estaban de acuerdo.

La sublevación se respiraba en el ambiente.

De nada servía que el almirante les recordara, como tantas otras veces, las riquezas que iban a encontrar en las nuevas tierras. Cristóbal Colón ya sólo podía confiar en el viejo León, y le llamó a su camarote para confirmar sus sospechas.

—Se van a rebelar contra mi legítima autoridad, ¿no es así?

—En ello están, almirante —contestó Leoncio que, por una vez, estaba sobrio.

—¿Me quieren arrojar al mar?

—Sí.

—¿Qué dicen de mí?

El viejo León le acercó un vaso que llevaba siempre consigo, Colón se lo llenó de un vino que no era tan agrio como el de la bodega del barco. El loro revoloteó al lado de la botella.

—Dicen que están perdidos, que los han traicionado, que han sido utilizados malamente por los reyes al confiar en un extranjero que no sabe lo que está haciendo y que...

—¡Está bien! Callad, amigo, ya he escuchado suficiente.

Entonces Colón reunió a sus hombres en cubierta, decidido a hacer la mejor representación de su vida. Comenzó a hablarles de la misión heroica que estaban realizando y de ese lugar fabuloso a donde iban.

Pero aquellos marineros no escuchaban. Colón se dio cuenta de que sería más difícil convencerlos a ellos que a los reyes de Portugal, Castilla y Aragón, así que, antes de rendirse, quiso llegar a un último y desesperado acuerdo:

—Dadme tres días. Sólo os pido tres días. Si en ese tiempo no hemos hallado la tierra que os prometí, me entregaré a vosotros para que hagáis conmigo lo que os plazca.

Era el miércoles 10 de octubre de 1492. Habían pasado treinta y cinco días desde que salieron de las Canarias.

Aquella noche, al entrar en su camarote, abrió el libro *Imagen del mundo,* que siempre llevaba consigo, y leyó en un margen una nota que había escrito en Lisboa: «Con un viento favorable y en un tiempo de pocos días se puede alcanzar el Oriente».

19

Hacia el 12 de octubre

20

El oro de Babel

ra una cálida noche del 12 de octubre de 1492. La luna llena iluminaba un mar alborotado únicamente por la marcha de las tres naves. El almirante había ordenado que siguiesen a buen ritmo, y como el leve viento soplaba de frente, la *Pinta,* la carabela más ligera, iba en cabeza.

Los marineros estaban agotados, tirados en cubierta, descansando como podían y soñando con el regreso a casa. Cristóbal Colón no salía de su camarote, analizaba una y otra vez sus mapas y rezaba al Señor, convencido de que el cielo tenía que ayudarle. Más que nunca, su vida pendía de un hilo. Sabía que si no encontraban la tierra prometida, sus hombres le arrojarían al mar.

Y estando en esto, oyó el sonido de un cañonazo en el aire.

De pronto, revivió. Aquella era la señal que anunciaba tierra. El capitán de la *Pinta* había mandado disparar la lombarda después de que uno de sus marineros, Juan Rodríguez, natural de Triana, despertase a todos con la palabra milagrosa:

—¡Tierra, tierra!

Eran las dos de la madrugada. Los hombres miraron hacia el horizonte, vieron el humo de un fuego que se extinguía en lo alto de un monte y saltaron llenos de alegría, gritando: «¡Tierra, tierra! ¡Albricias, tierra!».

Y ese grito fue extendiéndose, como un reguero de explosiva felicidad, a las otras naves.

Tan sólo un marinero permaneció ajeno al júbilo general: el viejo León, que dormía su borrachera en la cubierta, mientras su afónico loro, paseando sobre la panza de su dueño, repetía:

—¡Tiegggrrra, tieggggggrra!

Si grande fue la dicha de la tripulación, mayor era la del marinero de Triana, que había logrado los diez mil maravedíes anuales que la reina prometió al primero que viese la nueva tierra. Lo que no sabía el envidiado marino es que Cristóbal Colón se quedaría con ese dinero con la excusa de que él mismo, desde su camarote, ya había divisado el humo cuatro horas antes, pero no dijo nada porque era muy débil. Y así lo confirmaría, ante el funcionario real, su amenazado ayudante.

—¡No hay derecho! —protestó inútilmente el marinero de Triana. Y dicen las crónicas que nunca pudo recuperarse de aquel robo y que renunció a su fe, pues no podía creer en un Dios injusto, para convertirse al Islam.

Pero eso ocurriría muchos años después. Ahora toda la tripulación celebraba su descubrimiento y, cada cual a su modo, le felicitaba:

—¡¡Muy bueno, Rodrigo!! —que así le llamaban.

—¡Qué vista tenéis!

—¡Por fin se van a fijar en vos las mujeres!

—¡¡¡Ya nos invitaréis a algo con la recompensa!!! —ésta era la felicitación más repetida.

Tras avistar tierra, y como era peligroso navegar en la oscuridad cerca de una costa desconocida, el almirante ordenó detener las naves y aguardar a los primeros rayos del sol.

Apenas comenzó a descubrirse el día por los balcones de Oriente cuando, vestidos con sus mejores galas, Cristóbal Colón, los capitanes y el representante de los Reyes, Rodrigo Sánchez, llegaron en barca hasta la playa para tomar oficialmente posesión de la isla en nombre de los reyes de España. Portaban tres banderas y numerosos regalos para los habitantes de aquel lugar.

Los nativos, que los habían estado observando toda la noche y los veían como seres enviados por los dioses en gigantescas casas flotantes, aparecieron ante ellos con papagayos, lanzas de hueso, flores y otras ofrendas.

—Pero... ¡si están desnudos! —fue lo primero que llamó la atención a la comitiva.

En Europa se medía el grado de civilización y la clase social por el vestuario, así que dedujeron que estaban ante un pueblo muy primitivo. Su piel era del color de la de los habitantes de las Canarias, llevaban el pelo largo y se pintaban el cuerpo y la cara de blanco o negro.

Aquellos nativos les miraban con admiración y sonreían continuamente.

Los españoles correspondieron a sus presentes con unos regalos que luego se llamarían baratijas: cascabeles, cuentas de vidrio, espejos, pelotas...

—¡Preguntadles por el oro!, ¿dónde tienen guardado el oro? —le dijo Colón a Luis Torres al poco de encontrarse con los indios.

El intérprete lo intentó de tres maneras distintas, pero sus esfuerzos no sirvieron para nada. Aquellos indígenas no hablaban hebreo, caldeo y ni siquiera árabe, aunque también tenían sus propias preguntas.

—¡*Mayombe-bombe-mayombé-sensemayá*! ¿*Prácata-pra-pa?*

—¡Contestadle vos! —le dijo el almirante a su traductor, quien se puso a darles explicaciones:

—Somos una expedición real que viene de Castilla, donde nuestra reina Isabel...

119

Los nativos pensaron que ya había acabado de hablar y, creyendo que les tocaba su turno, continuaron:

—*Engo-teramene-jabre-cutú-güire-mambo...*

—Como sigan así no nos vamos a enterar de nada —suspiró Alonso Pinzón.

—*Jabre-cutu-muana, inquén-diame. ¿Elo-güire? ¿Elo-güire?*

—Pero, ¿qué nos está diciendo el de la cara pintada de negro? —preguntó el almirante.

—*¿Elo-güire? ¿Elo-güire?* —le aclaró el traductor.

—Eso ya lo he oído. Pero, ¿qué diablos significa «elo güire»... ¿Tiene algo que ver con el oro?

Finalmente, y ante la imposibilidad de entenderse, decidieron hablar en español con gestos exagerados que facilitaran la comprensión, como si fuese un lenguaje universal.

—En esta tierra debe de haber mucho oro —decían los españoles, extendiendo las manos para expresar «mucho» y abriendo los ojos para poner una cara de felicidad semejante a la que produce el oro en el ser humano.

Los nativos, por su parte, contestaban:

—*Cánga-lagonta-caribe-tambo-ta-brabbo-báquini-ba-di- bayo...*

Y también hacían gestos para tratar de entenderse: movían las manos y se las acercaban a la boca.

Lo que habían querido decir era:

—Los caribes son malos y se han llevado a cuatro de nuestras mujeres para comérselas.

Pero el traductor no lo entendió del mismo modo, a pesar de su satisfacción.

—¡Está muy claro! —afirmó—. Dice que tienen hambre, que no han desayunado todavía.

Y luego, añadió, orgulloso:

—¡Esta lengua no es tan difícil!

—Pues diles que no hay comida —sugirió Colón— hasta que nos digan dónde tienen guardado el oro.

Luis Torres comenzó a hablarles en un español meclado con algunas palabras de otras lenguas y muchos gestos.

Los nativos entendieron que iban a ayudarles a luchar contra los que se comían a su gente.

—*Prácata-pra-pa-cuca-cucha-mi-bo-caribe. Pirque-piquinyin-yamabo-tambó.*

—¿Esto no lo habían dicho antes? —preguntó el representante de los reyes.

—*Mivimbe-prende-tambó-manda-suppende-cángala-la-gonté...*

Y así estuvieron durante un buen tiempo sin llegar a ninguna parte. Aburrido y hambriento, Alonso Pinzón se alejó de aquella interminable conversación de locos y sacó su espada para cortar una rama con fruta fresca. Inmediatamente se puso en pie un indio con un arma parecida, pero de madera.

Siguiendo con el rito iniciado, se la quiso cambiar por la suya, pero como no conocían el hierro, el nativo la tomó por el filo y se cortó la mano.

—¡Son estúpidos estos indios! —le dijo el pequeño Pinzón a su hermano.

—¡No os fiéis!

—A ver si me entienden —dijo, y sacó un trozo de oro que llevaba para mostrar—. Fijaos bien. ¿Tenéis por aquí —y alzó su voz— MÁS ORO como éste?

—¿*Masssogo?* —repitió el nativo, feliz; luego tomó lo que consideraba un regalo, y le correspondió con un loro de vistosos colores.

—¡No, más loros, no! —masculló, recordando el insoportable bicharraco del viejo León.

—¿*Maslogos*? —el nativo repetía lo que oía. Era el más listo de todos y fue uno de los indios que se atrevieron a visitar luego la nave capitana.

Tras aquella larga charla, Colón invitó a los indígenas a subir a su barco para que le enseñaran la isla desde el mar, como así hicieron siete de ellos, muy complacidos de estar en la casa flotante. El almirante creyó que aquellos nativos pacíficos y serviciales podrían ser excelentes esclavos, aunque dudó si llevarlos a España o utilizarlos allí mismo, pues calculó que con cincuenta hombres podría dominarlos a todos.

Tras dar una vuelta completa por la costa, Colón se dio cuenta de que aquella isla era un lugar pobre y él no había hecho tan largo viaje para no encontrar riquezas y grandes territorios, así que puso rumbo a alta mar sin preocuparse de los nuevos tripulantes que, en cuanto vieron el barco alejarse de la costa, quisieron regresar a casa.

Unos se lanzaron al agua y otros murieron, posiblemente de miedo. Tan sólo quedó en el barco uno de ellos, que luego sería bautizado en España como Diego y permanecería dos años junto a Colón.

Atrás dejaron la isla que los nativos llamaban Guanahaní y que el almirante cambió por el nombre de San Salvador, posiblemente porque su aparición le había salvado la vida. Creyó que era una de las islas que había, según Marco Polo, cerca de Japón y en el extremo de Asia.

Las tres naves prosiguieron su itinerario de isla en isla, siempre buscando la tierra del oro, tal como preguntaban a los nativos, y todos les indicaban allá, más allá, siempre más allá.

A pesar de esta decepción, Colón escribió en su diario: «Sus Majestades pueden creer que esta tierra es la mejor, la más fértil y templada y equilibrada y agradable que hay en el mundo».

Mentía, pero estaba en juego su prestigio como marinero y esperaba hallar una tierra de esas características en algún lugar.

Porque el oro existía. Lo encontraron en pequeñas cantidades en los poblados y entre las posesiones de los nativos. Aquel descubrimiento animó a los marineros, y se acrecentó su espíritu comercial y picaresco hasta tal punto que Colón prohibió a sus hombres que negociaran por su cuenta:

—El oro y las especias pertenecen a la Corona, así que cualquier intercambio con los indios ha de ser supervisado por vuestro almirante —advirtió.

—¡Esto no es lo que se nos prometió cuando nos embarcamos! —protestaron los marineros.

Se sentían engañados y habrían colgado a Colón si no se hubiera encerrado, como hizo, en el camarote de la nave capitana, de la que procuraba no alejarse. Siempre se mantenía al lado de los funcionarios reales, que eran los representantes de los reyes y los símbolos de poder.

El ambiente seguía demasiado revuelto cuando avistaron una tierra tan extensa que parecía un continente. Colón creyó que se trataba de un extremo de Asia y mandó a sus hombres a explorar. Pasaron varios días y no regresaban. Una tarde apareció la figura temblorosa del viejo León y su inseparable loro. Esta vez no estaban borrachos, los dos razonaban con buen criterio.

—¿Hay oro? ¿Habéis encontrado el lugar del oro?

—Oh, no, mi almirante. No hay ni un gramo de oro. Nada...

Y el pájaro repetía:

—¡Nagda de oro, naaaagda de oro!

—Entonces, ¿han apresado a mis hombres? ¿Por qué no regresan? ¿Qué es lo que han encontrado en este lugar?

—Mujeres, almirante. Mujeres muy alegres y complacientes. Muchas mujeres en el camino.

—Vigggno, vigggno...

—Cállate, pajarraco —le reprendía su dueño—, que estás borracho como una cuba.

—Cuba, cuba... —repetía el loro.

La isla, tal como gritaba el pajarraco, era Cuba, aunque los nativos la llamaban Colba y Colón le puso de nombre Juana, en honor a la hija de la reina. Aún seguía creyendo que era el extremo de Asia.

Martín Alonso Pinzón, cansado de aguardar las órdenes del almirante e impaciente por hallar una tierra rica, decidió irse por su cuenta con la *Pinta*.

Colón se puso muy nervioso, porque temía que su traidor capitán llegase antes que él a la fuente del oro y después a España, llevándose consigo las riquezas y la gloria. Por eso mandó zarpar inmeditamente.

—Almirante, aún no han regresado todos a la nave... ¡Aguardad!

21

El fuerte de Navidad

quellas islas no eran la tierra prometida por Colón. No había especias, perlas, sedas ni maderas preciosas, y el oro era escaso y estaba muy escondido.

Estando ya en el mar, Colón se dio cuenta de que habían perdido el rastro del traidor capitán de la *Pinta*. Despistado, miró a derecha e izquierda, sin decidirse, y como en aquel momento no le servían los mapas, se dejó guiar por el destino, que era el viento del Oeste, como el de la vuelta a casa.

A los pocos días descubrieron una isla que los nativos llamaban Haití y que Colón creyó que era Japón.

Los indios salieron a recibir a los que consideraban dioses llegados del cielo y, tras el intercambio de regalos, los españoles les mostraron una pepita de oro y preguntaron dónde había más. Esta vez el lenguaje de gestos sirvió, pues los nativos les explicaron que al fondo de la isla había muchas piedras amarillas como aquélla.

—¡Al fin hemos llegado a la fuente del oro! —se dijo Colón animado, y ordenó que les diesen más regalos, especialmente cascabeles y espejos, que era lo que más les sorprendía.

En aquella tierra había peces, ríos y árboles como los de España. Era un paisaje tan parecido al que conocían que Colón puso a la isla el nombre de La Española, y tuvo la sensación de que sólo por aquel territorio merecía la pena el viaje.

Después de navegar hacia el Noroeste, bajó con sus hombres en busca del oro. A pesar de la ansiedad, el ambiente era relajado.

—Esta pradera se llamará la vega de tía Amaya, y ese riachuelo, el río Javier —señalaba un marinero vasco, prieto de carnes, a su compañero de Bilbao.

—¿Qué es lo que decís, Ignacio? —le preguntó su amigo, que le triplicaba en tamaño—. ¿Qué estáis haciendo?

—Ya lo veis, pongo nombres a lo que descubrimos. ¿Por qué va a ser el almirante el único?... Aquí hay muchas cosas nuevas y tía Amaya y Javier son mis padrinos.

—Pues yo también quiero —protestó el grueso marino—. Ese monte me lo pido, se llamará..... ¿Hmmmm? —y empezó a rascarse la cabeza.

—El monte Fuenterrabía —se le adelantó su compañero—, me recuerda al de mi pueblo.

—¡Eh, que que yo lo vi primero! Así no vale. Es mío y se llamará monte..., monte Carlos Echeveste.

—¿Como vos?

—¿Por qué no? Es grande y fuerte y grande y fuerte y grande...

Cristóbal Colón se dio cuenta de que los habitantes de aquella isla no eran tan primitivos como los que habían conocido hasta entonces, pues vivían en poblados con muchas casas, había artesanos y una cierta organización social.

Se enteró de que la isla estaba dividida en cinco zonas, cada una de ellas mandada por un jefe al que llamaban cacique, y se hizo amigo de Guanacagarí, el jefe de la tierra en donde decían que estaba la prometida fuente del oro.

El almirante lo invitó a comer en su barco, le hizo una demostración con sus armas y le regaló una espada de acero y una capa. El cacique le correspondió con una máscara de oro y le dibujó en el suelo la ruta para ir al lugar de las piedras amarillas.

Inmediatamente emprendieron la marcha.

Los marinos bajaron a tierra con más ganas que nunca, y con mejor humor. Cada cual iba pensando en cómo arañar algo de oro sin que se diesen cuenta los demás. Entre ellos estaban nuestros amigos vascos.

—¡Venid con nosotros, Leoncio! —le dijo Ignacio Orbaiz, el flaco de Fuenterrabía—. ¡Contadnos algo de vuestra larga vida!

—¿Por qué le llamáis? —preguntó su compañero.

—Tranquilizaos. Nos conviene que esté cerca. ¿No os habéis dado cuenta de que a él no le registran y el almirante le tiene en gran estima? Si hallamos algunas piedras de oro, pues...

—Una gran idea, Ignacio, pero es un borrrracho y seguro que las pierde.

—Está todo pensado. Haremos que se las trague (ya le invitaremos a vino) y luego, cuando le apriete el vientre o le entren ganas de vomitar, vos le seguís y...

—¿Por qué yo? —protestó el voluminoso Carlos—. ¡Siempre me tocan a mí las tareas más sucias!

—Algo tenéis que hacer. Yo soy el que piensa los planes.

—Está bien, pero yo no me guardo luego el oro en la boca, como hicimos la otra vez. ¡Si nos descubren, nos descubren!

A todos los marineros les gustó aquella tierra. No tenía mujeres tan complacientes como Cuba, pero había oro, indios que intercambiaban regalos y un jefe muy amistoso.

Guanacagarí le contó a Colón que en unas islas pequeñas vivían los caribes o caníbales, que asaltaban su tierra, raptaban a las mujeres y a los niños y se los comían, y le pidió ayuda por si volvían otra vez.

Era la misma historia que le habían relatado los indios de la primera isla en la que desembarcaron, pero ahora ya estaban más acostumbrados a su lenguaje y era posible entenderles.

Más por el oro que por socorrerlos, Colón decidió anclar sus dos naves y pasar la Navidad en aquella tierra en la que se sentía como en casa.

Y tan confiados andaban que la noche del día de Nochebuena dejaron los barcos con un solo vigilante. La mar estaba en calma y el oficial de guardia cedió el timón a un inexperto grumete que no supo qué hacer cuando se levantó una ráfaga de viento: la nave avanzó firme, veloz, directa, hacia los arrecifes de coral.

Fue imposible salvarla. Los hombres, ayudados por los indios de Guanacagarí, recuperaron casi todos los víveres y las maderas de la nave, que llevaron a la isla. Días despues, Colón vio en aquel desastre una llamada del cielo.

—¡Hay en tus pies descalzos graves amaneceres! —suspiró, sin saber muy bien lo que decía. Y luego, con los ojos bien abiertos, se dijo a sí mismo, muy convencido—: El Señor ha querido que establezcla aquí una guarnición para ir convirtiendo a nuesta fe a estos indios.

Así que mandó construir un fuerte, con torre de madera y foso, al que llamaron Navidad. Allí dejó a treinta y nueve hombres con armas y comida para un año, y puso al frente a Diego Arana, el primo de la madre de su segundo hijo, al que le dijo que, en su ausencia, fuesen recogiendo el oro de la isla, como hacían los portugueses en La Mina.

Al cabo de unos días partió de allí en la *Niña*, y el día de los Reyes Magos su nave se encontró con la *Pinta*. Martín Alonso Pinzón se unió de nuevo a la expedición, pidió perdón (que el almirante nunca le concedió) y le entregó una gran cantidad de oro para que se lo diera a los reyes. Era la mitad de lo obtenido; la otra mitad la tenían sus hombres, tal como les prometió al embarcar en Palos.

En la vida nunca hay suficiente oro, pero las naves comenzaban a deteriorarse. Rápidamente las cargaron con algodón, patatas, tabaco, productos de las nuevas tierras descubiertas, así como animales exóticos y varios indios, y al fin Cristóbal Colón decidió que debían volver a España.

Puso rumbo al Norte para tomar las corrientes marítimas. Estaba convencido de que si La Española no era Japón, de la que tan bien hablaba Marco Polo, sería por lo menos el reino de Saba o el país desde donde los Reyes Magos partieron para llevar sus regalos al niño Jesús.

22

Recibido como un héroe

ué júbilo, qué gozo, qué alegría bañó el corazón de todos cuando los reyes recibieron a Cristóbal Colón en el salón del trono del palacio de Barcelona un 23 de abril, casi un año después de que se vieran por última vez en Granada.

Isabel y Fernando permitieron a Colón el altísimo honor de permanecer sentado en su presencia, y le invitaron a cabalgar junto a ellos en un desfile glorioso, en el que fue aclamado como un héroe mientras la comitiva recorría las calles de la ciudad entre el fervor de la gente.

El almirante iba junto a los reyes, y detrás de ellos, como muestra de las nuevas tierras, sus marinos portaban algodón, patatas, lanzas de hueso, guindillas, maíz, hojas de tabaco, piñas, unas cuerdas para dormir que llamaban hamacas, la máscara de oro que le regaló el cacique de La Española, loros, monos y cinco indígenas del color del pastel de membrillo con pendientes de oro y aros en la nariz, que fueron bautizados delante de todos, siendo sus padrinos los mismos reyes.

Sin duda, habían descubierto un nuevo mundo, y así lo creyeron los sabios de entonces, que pensaban que se trataba de las legendarias Antípodas, aunque el almirante decía, y siguió diciendo hasta su muerte, que aquellas islas pertenecían a Asia.

En una carta que escribió a su protector, el tesorero Luis Santángel, comentó que «en treinta y tres días pasé a las Indias con la armada que los ilustrísimos rey y reina me dieron». Era la primera vez que empleaba el término «las Indias». Para Colón había otro territorio perteneciente a la India, que no era el que había pisado Marco Polo y que él había descubierto para mayor gloria de España y de su nombre.

Este desfile fue el momento cumbre de una serie de recibimientos clamorosos que tuvo por toda España en su viaje desde Palos a Barcelona, pasando por Sevilla. Allí lo vio por primera vez un joven llamado Bartolomé de las Casas, que luego se convertiría en el historiador de las Indias. Colón también fue a Córdoba, Murcia, Valencia y Tarragona, siempre con sus marinos y su pequeña comitiva de indígenas.

Era tiempo de celebración y de alegría, pero el viaje de regreso por el océano había resultado una pesadilla de la que salieron vivos gracias a la ayuda del cielo, y así lo recordaría Colón mientras caminaba hacia el monasterio de Guadalupe para cumplir la promesa de peregrinación que hizo si se salvaban de las tres fortísimas tormentas que estuvieron a punto de hundir las naves.

La primera separó las dos carabelas, y Pinzón siguió su rumbo hasta Galicia pensando que era el único que regresaba. La segunda llevó a Colón a una isla de las Azores y la tercera dejó su nave tan destrozada que no tuvo más remedio que desembarcar en Lisboa, la capital del enemigo español.

Colón fue recibido por Juan II, el mismo rey que había rechazado su proyecto ocho años antes, y algunos de sus consejeros sugirieron al monarca que matase al genovés tras quedarse con la ruta de las nuevas tierras. Pero era demasiado tarde. Toda Europa conocía ya el descubrimiento y el Papa nunca lo hubiese aprobado.

Ahora Cristóbal Colón, el hijo de un humilde tejedor de lanas genovés, se había convertido en un grande de España y en uno de los hombres más conocidos y envidiados de su época. Estaba tan creído de sí mismo que escribió al rey Fernando para que intercediera ante el papa Alejandro VI y nombrara cardenal a su hijo Diego, que ahora era paje del infante.

Sin duda estaba viviendo su momento de mayor gloria. El mismo cardenal Mendoza, «el tercer rey» español, le invitaba a su mesa, le servía langosta en plato tapado (algo reservado sólo a los más importantes) y gustaba de conversar con aquel hombre aventurero, inteligente y brillante.

Tantas atenciones de los más nobles despertaron envidias a su alrededor. Una noche, en un banquete en el palacio del cardenal, se levantó un cortesano con malos modos y le habló:

—Lo que vos habéis hecho, Cristóforo Colombo —le llamó por su nombre genovés, para remarcar que era extranjero—, no tiene mérito alguno. Al fin y al cabo, se trata de ir navegando hacia el Oeste.

—Tal vez os lo parezca —replicó Colón, muy tranquilo—, pero yo lo he hecho y vos sois incapaz de ello, como sois incapaz de sostener un huevo en pie.

—¿Incapaz yo? ¡Vais a verlo! —dijo el cortesano, que tomó un huevo cocido de la mesa e intentó en vano, una y otra vez, que no se diese la vuelta. Ante la imposibilidad de realizarlo, retó de nuevo al almirante—. Es imposible lo que pedís. ¿Acaso podéis hacerlo vos?

—¡Ahora mismo! —Colón tomó un huevo cocido de la misma fuente, golpeó ligeramente la base de la cáscara y, ya quebrada, el huevo se sostuvo tan firme como una jarra—. ¿Lo veis, mi querido amigo? Todo es sencillo una vez que se conoce cómo hacerlo. El mérito está en descubrirlo.

Colón no pudo seguir disfrutando durante mucho tiempo de su gloria en tierra, porque los problemas comenzaron.

Al rey Fernando le habían llegado noticias de que Juan II estaba organizando una escuadra armada para apoderarse de los territorios descubiertos, así que le dijo a Colón que se preparase para realizar un nuevo viaje mientras él enviaba a sus delegados a Roma.

En aquella época, el Papa, como vicario de Cristo en la tierra, era el señor temporal del mundo y podía conceder a los reyes cristianos los territorios de los infieles, a condición de que se encargaran de llevarles la fe.

Alejandro VI dijo que las islas descubiertas pertenecían a la corona de Castilla, pero el rey portugués no estaba muy de acuerdo y siguió luchando por lo que consideraba que le pertenecía. Había que actuar con rapidez.

—¡Debéis partir cuanto antes! —le recordó la reina a su almirante.

Esta vez los monarcas no escatimaron gastos. Si en el primer viaje salieron tres naves con noventa hombres, en este segundo viaje partirían de Cádiz y Sevilla diecisiete barcos que llevaron a más de mil trescientos tripulantes. Todo el mundo quería ir a la nueva tierra del oro, e incluso se embarcaron doscientos voluntarios que no cobraban nada.

El rey Fernando tenía claro que era una expedición militar para defender los nuevos territorios. Por eso la mayoría de los hombres eran soldados bien armados, aunque también había artesanos que se ocuparían de construir los fuertes, y muy pocos frailes, a pesar del deber de propagar la fe en las nuevas tierras. Demasiada gente improductiva que causaría graves problemas, como Colón pudo comprobar nada más llegar a La Española.

En esta ocasión viajaron con él su hermano pequeño, Diego, recién llegado de Génova, que vino acompañado de Miguel Cuneo, aquel amigo de infancia de Colón con el que había compartido sus sueños de gloria y sus primeros pasos como grumete en el mar.

Al amanecer, el almirante estaba listo para partir en la *Niña*, la carabela que le había traído del primer viaje, cuando oyó una voz que empezaba a resultarle inevitable.

—¡No podéis iros sin mí! ¡Esperadme, hip, esperadme!

Y detrás se oía, como un eco distorsionado:

—Espeggaddddddme, espegaddddddddd...

Eran el viejo León y su loro. No llegaban solos, ya que a su lado corrían los dos marineros vascos que conocemos bien. Acababan de encontrarse en el puerto y mientras corrían se preguntaban:

—¿Cómo es que os habéis gastado ya vuestro oro, Ignacio?

—Es que invité a todo el pueblo a una pequeña fiesta que duró sólo dos meses. ¿Y vos?

—Vine con apetito del viaje —contó brevemente el voluminoso Carlos.

Y los dos hombres, el delgado y el grande y fuerte, se dijeron:

—No importa. ¡Seguro que encontramos más oro!

—¡Dios proveerá!

23

Los indios atacan

ún resonaban en la cabeza del almirante el sonido de la albardas, el entusiasmo y los vítores de la gente, los fuegos artificiales en su honor, la alegría de los festejos de la despedida. Toda España, incluso Europa, estaba pendiente de su nuevo viaje.

En Canarias, Colón fue recibido como un héroe y la gobernadora de las islas, la poderosa y muy bella Beatriz de Bobadilla, le había invitado a su palacio y le rogó que retrasara unos días la expedición para acompañarla. Pero él sabía que tenía una misión real que cumplir, y además estaba impaciente por ver el oro que habían acumulado sus hombres en el fuerte de Navidad.

El almirante, virrey y gobernador vivía su esplendor porque eran tiempos gloriosos, sin duda. Lo que no sabía Colón es que a partir de ese momento los problemas no cesarían, la suerte le dará la espalda y ya no volverá a conocer el sosiego ni la gloria. Había llegado a lo más alto, pero ahora, en mitad de su segundo viaje, comenzaba su caída.

Apoyado en la cubierta de la *Niña,* contemplaba el agua mansa del océano. Se mantenía constante el viento del Oeste y la mar estaba en calma. La travesía fue ligera y hasta divertida. Con tan buenos augurios, todos esperaban hallar en la nueva tierra algo parecido al Paraíso, lo que pareció confirmarse en la pri-

mera isla de su ruta, a la que llamaron Guadalupe, donde apresaron a quince bellísimas muchachas desnudas, como era su costumbre, y el almirante le regaló una a su amigo de infancia, Miguel Cuneo.

Animados por este descubrimiento, los soldados, que antes se habían quedado en el barco, quisieron bajar a tierra en la siguiente isla. Atropelladamente entraron con los pesados trajes en la maleza de la selva, y sus ojos casi se salen de las órbitas, espantados, al descubrir decenas de calaveras y huesos humanos al pie de una cueva y, al fondo, a unos niños que sus captores estaban engordando para devorarlos.

—¡Virgen Santa! ¿Qué es esto?

Habían llegado a una de las islas de los caribes, esos indígenas de los que habló el cacique de La Española. Eran caníbales que raptaban a las mujeres y a los niños para comérselos.

Los soldados, curtidos en la interminable guerra de Granada, no habían contemplado nada parecido y huyeron asustados, ya que pensaban que aquello no era obra de seres humanos, sino del diablo.

A partir de ese momento, a la nueva tripulación se le quitaron las ganas de bajar a islas desconocidas. Colón tampoco tenía interés, pues quería llegar cuanto antes a La Española, donde sus hombres ya habrían acumulado grandes cantidades de oro.

Así que, sin detenerse, el almirante fue poniendo nombre, una a una, a las islas por las que pasaba: Santa María de la Antigua, Santa María de la Redonda, San Martín, San Eustaquio, Santa Cruz..., y de pronto, se topó con una zona con tantos islotes que, para no agotar el santoral, la llamó las islas de las Once Mil Vírgenes.

—¿Tantas habrá, Ignacio? —preguntó, sorprendido, uno de los vascos.

—¡Seguro, si lo dice el almirante! En el caserío de mi padrino tenemos quinientos mil manzanos y no nos parecen muchos.

—¡Qué desperdicio! —intervino el viejo León, que estaba a su lado—. ¡Si fueran toneles de vino!

Al fin, las diecisiete naves de la gran expedición llegaron a La Española; dispararon los cañones para anunciar su llegada, pero ninguno de los marinos salió a recibirles.

—¡Aquí sucede algo extraño, muy extraño! —suspiró el almirante, y aceleró el desembarco.

Cuando Colón entró en lo que quedaba del fuerte de Navidad, aquello era una paisaje de desolación. No había nadie, no había nada y, lo que es peor, no se veía rastro de oro por ningún lado. El almirante mandó una expedición bien armada para que apresara a Guanacagarí, el cacique de aquel territorio, que había sido su amigo.

—¿Qué es lo que ha pasado aquí? —le preguntó en cuanto lo tuvo delante, y esta vez sí que fue posible la comunicación, pues Diego, el indio que se llevó a España, hizo de intérprete.

El cacique le contó que los hombres pálidos se comportaron como los caribes: habían raptado a muchas mujeres y luego se peleaban entre sí pues cada uno quería tener más mujeres que ningún otro, y que un día los otros caciques fueron a rescatar a su mujeres, asaltaron el fuerte y lo arrasaron. Colón le creyó, pero tenía otra pregunta urgente.

—¿El oro? ¿Dónde está el oro?, ¿dónde guardaban el oro?

Esa respuesta no la sabía ni el propio Guanacagarí, y aunque los soldados se dedicaron de buena gana a excavar en aquel lugar exterminado, no hallaron restos del tesoro.

Tras el desastre de aquel fuerte, Cristóbal Colón buscó un lugar mejor, o eso es lo que él creía, y junto al río Bajabonico construyó una ciudad —la primera de América— a la que llamó, en honor a la reina, La Isabela. La ciudad tenía una iglesia, un hospital, una gran casa de piedra para el almirante y doscientas chozas formando un rectángulo.

El ocio, que es el padre de todos los vicios, y el desear lo que no podemos alcanzar, la fuente de todos los males, hicieron mella en los españoles, pues el descontento comenzó a extenderse por la isla.

Los primeros en protestar fueron los soldados, que no concebían ponerse a trabajar con sus manos. Se habían embarcado para vivir sin dar golpe, cogiendo oro de los ríos y siendo servidos por los indios. Pero aquello no era el paraíso soñado. El oro existía, pero había que sacarlo pacientemente de las cuevas.

—¡Para esto no hemos venido aquí! —se quejaban, y comenzaron a pelearse, a raptar a las mujeres y a abusar de los indios, por lo que los pacíficos indígenas decidieron defenderse y atacar a los invasores.

Como los soldados se sentían engañados, el supervisor real, Bernal de Pisa, aprovechó el descontento para intentar tomar dos barcos y volver a España. Quería contar a los reyes que Colón había engañado a los monarcas y que allí no había oro en abundancia, ni especias, ni siquiera indios mansos.

Antes de que partiera, Diego, el hermano pequeño de Colón, descubrió la conspiración y mandó prender a los rebeldes. El almirante encerró al cabecilla, ahorcó a un par de ellos y castigó a otros cortándoles las orejas o la nariz, de manera que daba pena verlos.

A partir de entonces, Colón se vería obligado a emplear la disciplina con toda su crudeza, pero ya nunca volvió a recuperar la autoridad ni la alegría.

No era sencillo gobernar tan lejos de la civilización. Cristóbal Colón, que era un excelente marino y un inspirado explorador, fracasó completamente en esa difícil tarea, y por ahí comenzarían sus desgracias.

24

¡Así Dios me lleve a Castilla!

l intercambio de naves entre la península y las nuevas tierras comenzó a hacerse habitual, pues La Española habría de convertirse muy pronto en una
provincia más de Castilla.

Cristóbal Colón, como esperaba quedarse largo tiempo en
aquellas islas, envió a Antonio Torres con doce naves cargadas de
oro, especias y quinientos esclavos para su venta, además de una
carta dirigida a los monarcas en la que pedía mineros de Alma-
dén para explotar el oro, barcos con mucho trigo y vino y mejores caballos, armas y alimentos que los que habían embarcado la
última vez.

Al parecer, los propios jinetes cambiaron las excelentes monturas compradas por los reyes por unos débiles animales, y lo
mismo hicieron los soldados con las armas y los funcionarios con
las viandas.

Cuando llegó la carta de Colón a España, los monarcas estaban en el castillo de La Mota de Medina del Campo.

En la masión de la familia de Rodrigo de Montalvo, un joven
llamado Garci comenzaba el cuarto tomo de la que será la más
famosa novela de caballerías y el libro de mayor éxito en la Europa de su tiempo: «Así como la largueza y antigüedad del
tiempo pasado muchas y grandes cosas nos dejaron en la me-

moria —escribía pacientemente—, así se puede creer que otras infinitas quedan ocultas sin que de ellas ninguna quedase...». Era *Amadís de Gaula,* que Isabel de Castilla, buena lectora, no pudo apreciar pues fallecería tres años antes de que se imprimiera.

La reina, que tenía en gran estima a Colón, leyó su larga carta y le dio el permiso para que su segundo hijo, Fernando, entrase, como Diego, a servir al prícipe Juan. Luego, cuando los monarcas se enteraron del cargamento de las doce naves, el rey se sintió decepcionado, pues había menos oro del que necesitaba para su política italiana, y la reina se mostró inquieta al contemplar tan alto número de esclavos. Y se preguntó a sí misma si era lícito comerciar con ellos aunque fuesen, como le decía Colón, caníbales.

Pero ahora había otros asuntos que reclamaban su atención. El que más les preocupaba era el conflicto con Portugal por la división del océano.

El año anterior, y aconsejados por Colón, los reyes habían logrado que el Papa concediese a España la titularidad de todos los territorios que se hallaban en cien millas al oeste de las Azores, pero el rey Juan II no estaba de acuerdo con esa partición y amenazaba con atacar los barcos castellanos y las nuevas tierras.

Para evitarlo se reunieron cortesanos portugueses y españoles en un pueblo de Valladolid y, tras muchas negociaciones en las que cada parte pensaba que había engañado a la otra, se firmó el llamado Tratado de Tordesillas, por el que los dos países vecinos se repartían el nuevo mundo. Esta vez se fijó una línea imaginaria de polo a polo a trescientas setenta millas al oeste de las Azores, de modo que las tierras que se descubrieran en el lado occidental de esa línea pertenecerían a España, y las del lado oriental, a Portugal.

Cristóbal Colón, que conocía el Atlántico mejor que nadie, nunca hubiese aprobado ese acuerdo por el que finalmente los portugueses lograrán la parte del nuevo continente que se llamará Brasil.

Pero en esos momentos el almirante tenía sus propias preocupaciones. Tras sus viajes de exploración y búsqueda del oro por la isla, al regresar a La Isabela vio que la ciudad estaba más hundida que nunca. A su entrada percibió un descontento general y había una frase que se repetía, como un eco, entre los hombres: «¡Así Dios me lleve a Castilla!».

—¿Qué ha pasado? —se preguntó Colón, y halló la respuesta viendo que el caos reinaba en la ciudad, los nuevos cultivos no daban buenas cosechas, los hombres estaban llenos de llagas que les contagiaban las indias, los nativos atacaban siempre que podían y, como no había alimentos para todos, se pasaba hambre.

Para empeorar la situación, el jefe militar Pedro Margarit y el vicario fray Boil, en un tiempo amigos del almirante, tomaron una nave y con decenas de descontentos se hicieron a la mar dispuestos a contar a los reyes la verdadera situación de las Indias.

Tantas desventuras minaron la delicada salud de Cristóbal Colón, que volvió a sonreír cuando llegaron los barcos con provisiones que había pedido a los reyes en su larga carta, y que le traían el mejor regalo que podía esperar.

—¡Hermano Bartolomé! —exclamó, casi sin aire, como si hubiese visto a un fantasma, y fue hacia él extendiendo los brazos—. ¡Al fin estáis aquí!

—La reina ha querido que mandara esta expedición y que llegase pronto a vuestro lado.

—¡Os he echado tanto en falta! Han sido cinco años de ausencia en la que os di tantas veces por muerto....

—¡Ya estoy aquí con vos, Cristóbal! Y muy contento. Lo habéis logrado. Vuestra hazaña se comenta en Europa.

—Todos los triunfos tienen su cruz. ¡No lo sabéis bien! Pero debo aceptar mi destino.

—Os noto cansado y preocupado, hermano. Creí que ibais a estar feliz...

—Y estoy muy feliz de teneros, al fin, a mi lado; pero no nos demoremos, venid a mi mansión que la podéis considerar vuestra. Contadme de vuestro paso por Inglaterra y Francia.

Bartolome Colón era tan buen marinero como su hermano, gran cartógrafo y mejor gobernante, así que el almirante le dejó al frente de La Isabela y, ya más tranquilo, tomó un barco con unos pocos marinos fieles, entre los que se hallaban nuestros amigos vascos y el viejo León, y tras pasar por varias islas, desembarcaron en Cuba, que para él era una parte del continente asiático, la «tierra del más allá».

No permanecieron en ella mucho tiempo, pese a las protestas de algunos marinos que se acordaban de las mujeres de la isla. El almirante tenía otro objetivo que cumplir en ese viaje, algo que mantenía muy en secreto.

Así que tras dejar Cuba, bajaron hacia el Sur y dirigieron la nave hacia una ruta inexplorada, que Colón parecía conocer. En su camarote miraba una y otra vez un pequeño mapa que ocultaba en sus ropas.

Al cabo de unos días apareció ante sus ojos «la tierra del más acá», como la llamó, un lugar único del que le habían hablado hacía ya demasiado tiempo en Portugal.

—¡Aquí no parece que haya mucho oro! —se dijo Carlos, el marinero vizcaíno, que tenía un buen olfato para el metal.

—No, pero eso de ahí no está nada mal —le contestó su compañero, el de la vista de un águila.

—¡¡¡¡Perlas!!!

Habían llegado a una región, en la costa de un lugar que luego conoceríamos como Venezuela, muy rica en perlas. El almirante estaba con sus más fieles marinos y tenía la idea era explotar aquellas riquezas personalmente, sin que se enterasen los reyes.

Pero cuando los nativos habían acumulado grandes montones de perlas para Colón, pasó por allí una nave que les había seguido y embarcó el cargamento para llevarlo a España.

25

El Paraíso Terrenal

unca como hasta entonces había tenido Colón tanta prisa por tocar tierra española, pues necesitaba adelantarse a los barcos de Juan Aguado, un funcionario real que habían enviado los monarcas a La Española para que investigara la actuación del nuevo gobernador y virrey. El almirante no supo de él hasta que no regresó de la tierra de las perlas.

En su ausencia, el delegado real había visto la situación de La Isabela, había hablado con cientos de españoles descontentos y ya tenía elaborado un largo y desfavorable informe que llevaba a España.

Colón se dio cuenta de que era necesaria su presencia en la Corte para defenderse, pero la flota seguía sin avanzar. Por una vez, su instinto de marinero le había fallado. Buscaba un atajo en el mar para adelantarse a su acusador y sólo consiguió meterse en una balsa de aceite: «No sé para quién es esta amargura —suspiró en cubierta—, ¡oh sol, llévala tú que estás muriendo!».

En el océano, la calma es peor que las tormentas, porque la escasez de víveres hace perder la razón a los marineros, como así estaba ocurriendo; y ante la amenaza de morir todos de hambre, algunos marineros propusieron arrojar por la borda a los veinticinco indios que llevaban, mientras que otros eran partidarios de comérselos directamente.

Tras varios días de calma, y después de encontrar un viento favorable, las dos carabelas, la *Niña* y la *India* —la primera nave construida en América— llegaron a Cádiz. Colón bajó vestido con el hábito de franciscano, como el de su buen amigo fray Marchena, que a partir de entonces llevaría siempre en España, y escribió a la reina.

Pero los monarcas están ahora muy ocupados. Fernando ha de viajar a Francia para recuperar unos territorios e Isabel prepara las bodas de su hijo Juan con Margarita de Austria y de Juana con Felipe el Hermoso.

Cuatro meses después de su llegada, la reina le escribe invitándole a reunirse con ellos en Burgos, donde también estará el príncipe Juan y, por lo tanto, los hijos del almirante.

Al entrar en la ciudad, lo primero que hace Colón es ir a rezar a la capilla de Santa María en la imponente catedral gótica que domina la ciudad. Al salir, camina unos pasos hacia el castillo y, en mitad de las escaleras se tropieza con alguien que conoce bien y que acaba de salir de una pequeña imprenta.

—Amigo Jaime, ¡qué sorpresa!... —le saluda Colón, y viendo el grueso manuscrito que lleva bajo el brazo, pregunta—. ¿Habéis cambiado las armas por las letras?

—¡Oh, Cristóbal, no os reconocía con ese hábito de monje! —le saluda el aragonés—. Os imaginaba en las Indias.

—Los reyes me han llamado, pero aún estoy esperando a que me reciban.

—Es muy complicado ahora. Con lo de Francia y lo de las bodas no están para nadie. Aunque claro, vos que venís de tan lejos, y siendo quien sois... —sonrió su amigo—. Pero contadme: ¿cómo es la vida de un famoso marino, aventurero y explorador? O mejor, venid una noche a cenar a casa y conoceréis a mi familia.

—¿Os habéis casado?

—Sí. Mi primo estaba prometido con la sobrina de los condes de Bureba y, como murió en el sitio de Málaga, nuestras familias pensaron que yo debía cumplir esa alianza, pero estoy encantado: María es una mujer hermosa, callada y muy lectora. Y una excelente madre.

—¿Y ese libro que lleváis bajo el brazo es para ella?

—¡Oh, no! —se ríe—. Es el manuscrito de una historia que ha escrito mi amigo Fernando de Rojas, a quien conocí en la universidad de Salamanca. Me lo entregó para que lo llevara a la imprenta, pero como allí tienen trabajo hasta el próximo año, he pensado dejárselo a la infanta doña Juana, a la que le vuelven loca las historias de amor...

—¡A ver! —mira Colón por mera curiosidad, y lee—: *Tragicomedia de Calisto y Melibea*. ¡Hmmm!

—¿Os interesa?

—¡Oh, no! —se ríe—. Mis lecturas son otras.

—Claro, claro, no me olvido que el mar es vuestra vida. Pero no nos demoremos más. Os ruego que paséis por mi casa a cenar una noche. Mis hijos estarán encantados de conoceros. El pequeño, que no levanta un palmo del suelo, dice que va a ser descubridor y ya se quiere embarcar. ¡Imaginaos! Sois su héroe —le explica su amigo—. El mayor se parece más a mí. No le gusta nada el agua y prefiere ser un valiente caballero, como el Cid.

Los monarcas recibieron al almirante en la casa de los condestables de Castilla, en cuya fachada se veía, como si enmarcase la puerta, un enorme cordón de piedra de la orden franciscana.

—Tenemos noticias muy serias de vuestra actuación en las Indias —le dijo el rey Fernnado.

—Majestades, humildemente vengo a explicaros la verdad de todo lo que ha sucedido...

Y así comenzó una larga historia en la que Colón, como era habitual, muestra su facilidad para hablar, interesar y casi convencer.

La reina, que siempre le trató con afecto, cree la mayor parte de lo que escucha, mientras que Fernando se muestra más frío y desconfiado, pero no llegan a un acuerdo en esa breve entrevista.

Sin embargo, tras unos meses de encuentros y cartas, la reina de Castilla confirmará a Cristóbal Colón todos sus derechos sobre las nuevas tierras, que era el verdadero objetivo de su viaje a España.

Y con estos logros, el almirante quiere regresar a La Española, donde ha dejado a sus hermanos, pero ha de esperar casi dos años porque los acontecimientos se revuelven y precipitan, pues en esos meses fallece el príncipe Juan, en quien iban a recaer las coronas de Castilla y Aragón con todos sus territorios en el Atlántico y el Mediterráneo.

Es tiempo de silencio y recogimiento, Colón permanece en la cartuja escribiendo memoriales para los reyes sobre la forma de gobernar y organizar los territorios descubiertos, y a veces se deja tentar por el viejo sueño de su cruzada a Jerusalén, aunque sus fuerzas ya no son las de antes.

Al fin los reyes logran reunir seis carabelas y dinero para pagar a la tripulación, pero esta vez no hay suficientes marineros. Los hombres se muestran reacios a ir a esas tierras que se parecen más al Infierno que al Paraíso. Aunque no todos:

—¡Esperadme, esperadme! —grita un viejo marino a un hombre que está en la cubierta de una nave.

—¿Qué quéreis, viejo borracho?

—¿Qué va a querer un marinero que ha recorrido todos los mares conocidos y por conocer?... —le contesta Leoncio—. ¡Embarcar, hip!

—Pero si aún no hay tripulación. No sabemos cuándo partiremos —le informa el piloto.

—Pues por eso, ¿verdad, amigo?... —dice, mirando a su loro—. Ya tenéis uno, bueno, dos más —y luego, dándose media vuelta, añade—: ¡Vámonos, amigo, vamos a esperar en la taberna tranquilamente!

—¡Tgannnnnjjjquilamente, tgannnquilamente...!

Pasaba el tiempo y, como no lograban llenar los barcos que había en el puerto, los reyes firman una orden por la que se concede la libertad a todos aquellos presos que se embarquen para las Indias, a excepción de los acusados de herejía, traición, fabricación de moneda, incendio o sodomía. Los estafadores, pendencieros, ladrones y asesinos podían salir perfectamente.

No son demasiados los que aceptan este ofrecimiento, pero al final parten de Sanlúcar cinco barcos con doscientos veinticinco tripulantes y, por primera vez, viajan al nuevo mundo veinte mujeres.

Cristóbal Colón, hábil marinero, ha de burlar primero a los barcos franceses que le esperaban pasado el cabo San Vicente, y ya desde las Canarias la travesía sigue su rumbo tranquilo. A pesar de sus dolores, el almirante está con buen ánimo, pues le han confirmado todos sus derechos, y en la última carta la reina le dice que acogerá a sus hijos en la Corte.

Es tal su contento que se permite cierto humor, y así, al pasar por Cabo Verde, le dice al viejo León:

—Esa isla tiene falso nombre, porque nunca se vio cosa tan seca y estéril.

—Tenéis razón, mi comandante. Habría que plantar vides para alegrar un poco el paisaje.

Al cruzar por la isla de Buenavista, Colón y el viejo marino observan a un grupo de leprosos tratando de sacar a las tortugas de su caparazón, pues creen que la sangre de ese arrugado animal les curará su apestosa enfermedad. El loro, que ha confundido la sangre con el vino tinto, intenta volar hacia la costa, y el viejo León le grita.

—¡Vuelve aquí! Barragán, trempitrojo, badaluque, simbatir, vocaraz, almirabón... ¿Quieres que se te caigan las plumas?

Tras cruzar otras islas conocidas y atravesar un mar en calma que les desespera, el almirante gira el rumbo y conectan, al fin, con los vientos alisios, pero una nueva corriente marítima les lleva, muy al Sur, hasta la desembocadura del Orinoco, uno de los ríos más caudalosos del mundo. Y lo que contemplan les deja asombrados.

—¡Válgame el cielo!

Es como si el mar penetrara en la tierra. Tal cantidad de agua no puede proceder de una isla, sino de un territorio muy extenso, por lo que Cristóbal Colón deduce que es un continente nuevo, y así se lo escribe a los reyes esa misma noche.

Al bajar a tierra descubren indígenas con la piel blanca, casi como la suya, que no van desnudos y que han desarrollado la agricultura y la artesanía, descendientes, posiblemente, de otros hombres blancos que llegaron allí, y Colón se acuerda de lo que le dijo el piloto desconocido en Porto Santo.

Los españoles, tras tomar esa tierra en nombre de los reyes y dejar plantada una gran cruz, prosiguen con su viaje de exploración y entran en la laguna que forma la desembocadura del Orinoco.

Allí observan que las aguas proceden de cuatro cauces distintos. Colón cree que son los cuatro ríos que bañan el Jardín del

Edén, en el extremo de Asia, y así se lo dice al viejo León, muy convencidos ambos al contemplar una naturaleza tan rica como la que se cuenta en la Biblia.

—Lo que hay ahí, mi querido amigo —le confiesa Colón—, es el Paraíso Terrenal, adonde no puede llegar nadie salvo por voluntad divina.

Y esa misma noche, una noche toda llena de perfumes, de murmullos y de música de alas, a pesar de su terrible dolor de ojos, escribe: «Tal como sostenía el sabio Toscanelli, el mundo no es redondo como una naranja, sino que tiene forma de pera, y en ese pezón es donde nos hallamos ahora, el lugar donde estuvo el Paraíso y al que no llegaron las aguas del diluvio».

26

Prisionero y cargado
de cadenas

i en este tercer viaje, Cristóbal Colón había tenido
—hasta ahora— una travesía tranquila, en la que
descubrió el continente y muchas islas, al desembarcar en La Española ya no vivirá ni un momento
de sosiego. Los acontecimientos se sucederán tan atropelladamente que no podrá dominarlos, regresando a España —seis meses después— prisionero y cargado de cadenas.

Pero, ¿qué había pasado?

En sus casi tres años de ausencia, la situación de la isla se había hecho insostenible. Bartolomé, que era un digno gobernante, no pudo con las envidias, protestas, traiciones y prejui-
cios de aquellos hombres que habían sido gobernados por los
hermanos Colón y que no soportaban que les mandase un extranjero.

—¡Los Colones! ¡Mueran los Colones!

Era el grito de guerrilla que se repetía anónimamente en La
Isabela, la ciudad construida por el almirante y que, al fin, resultó
ser un lugar infecto, maloliente y plagado de mosquitos.

Al poco tiempo, Bartolomé mandó levantar una nueva ciudad
cerca de una mina de oro, a la que llamó Santo Domingo, en honor a su padre, Doménico.

Aquí comenzaron realmente los enfrentamientos con Francisco Roldán, a quien Colón había nombrado alcalde de La Isabela y que no quería perder su puesto. Este hombre se sublevó con un centenar de exaltados, asaltaron el fortín de las armas y huyeron a las tierrras de Guanacagarí, el cacique amigo de Colón, quien no quiso tomar partido y precisamente por ello fue asesinado y su poblado arrasado.

Ante la ferocidad de estos hechos, los indios de las otras tribus acogieron a los rebeldes en sus poblados, les pagaban tributos de oro y eran sus servidores. Bartolomé, que ya tenía suficientes problemas en Santo Domingo, no los persiguió, por lo que aquellos hombres se permitieron esclavizar y abusar de los indios.

—¡Esto es vida!

—¡Para esto hemos venido aquí!

—¡Así, sí!

No es que hablaran mucho, puesto que se habían acostumbrado a que los indios les proporcionaran comida, mujeres y diversión. Aquellos hombres habían llegado a tal extremo de tiranía y vagancia que algunos eran incapaces de moverse, pues tenían a los indios para que cargasen con ellos.

Cristóbal Colón, como ya hemos dicho, no se quedó más tiempo en lo que creía que era el Paraíso Terrenal, porque su salud era muy delicada y estaba preocupado por lo que pudiera pasar en La Española. Así que retomó el rumbo hacia la isla, pero hizo que dos de sus barcos se adelantaran para llevar las provisiones más urgentes.

Y sucedió que estas naves entraron por la zona de los rebeldes. El astuto Roldán les hizo señas para desembarcar allí y convenció a los tripulantes de que desertaran y les entregasen los víveres. No fue difícil.

—Aquí estaréis como reyes —les dijo—. Hay esclavos y mujeres para todos, y ¡sin dar golpe!

Los marineros, que vieron cómo los indios paseaban en hamacas a sus compañeros y les abanicaban con una larga hoja, no dudaron en quedarse. Aquello era la vida tantas veces soñada.

Cuando el almirante entró en Santo Domingo, se enteró de que no habían llegado sus dos naves con las provisiones. La situación de la ciudad era desesperada y aún podía ser peor, pues los ciudadanos planeaban asaltar la casa del gobernador y raptar a los Colones para entregárselos a Roldán a cambio de alimentos.

Colón, que tenía noticias de ello, en vez de reprimir tantas conspiraciones intentó pactar con los rebeldes para no agravar más los problemas. Y tras complicadas negociaciones en las que no hizo más que ceder, restituyó en su cargo a Francisco Roldán y perdonó a todos los sublevados, a los que entregó un barco para que regresaran a España.

Muchos de los rebeldes no aceptaron aquel ofrecimiento, y prefirieron quedarse con sus armas, sus tierras y sus esclavos indios.

No había sido una decisión justa, pero era la única solución posible, pensó Cristóbal Colón aquella noche en la que se acostó ya más tranquilo.

—Después de esto, ¿qué más me puede pasar?

Lo que no sabía el almirante es que lo peor estaba a punto de suceder.

Los enemigos de Colón seguían murmurando y conspirando en la Corte, diciendo a los monarcas que habían sido engañados por el genovés y que aquellas tierras daban más problemas que beneficios.

Así que los monarcas, una vez más, enviaron a un hombre de confianza con plenos poderes para la gobernación y oficio de juzgar, con el fin de que investigase a fondo el comportamiento del almirante.

En estas naves embarcaron también a los nativos que Colón había enviado para vender como esclavos. Fue entonces cuando la reina, que tenía sus dudas sobre la esclavitud de los indios, decidió darles la libertad y prohibir su venta, aunque tal propósito no fuera siempre respetado.

El funcionario real, Francisco Boadilla era el hermano de la mejor amiga de la reina, y cuando desembarcó en Santo Domingo, Bartolomé y Cristóbal Colón estaban fuera de la ciudad.

Lo primero que hizo el recién llegado fue asistir a misa, habló después con algunos ciudadanos, se enteró de que esa semana habían ahorcado a siete españoles, y entonces pidió al gobernador que le entregase a los prisioneros.

El hermano menor de Colón se negó; Boadilla sacó sus poderes reales, tomó el gobierno de la ciudad, encarceló a Diego, el otro hermano de Colón, y lo mismo hizo con Bartolomé y el almirante en cuanto aparecieron por la ciudad.

Durante unos días, el funcionario real mandó recoger pruebas sobre la labor del gobernador y virrey de las Indias, y casi todos, que estaban descontentos y resentidos, hablaron mal de Cristóbal Colón.

Sólo hubo un testimonio muy favorable:

—Es el mejor comandante general hip del mundo —dijo el viejo Leoncio sin que le preguntase, y su amigo con plumas repitió:

—¡Delmugggnnnndodelmugggndo!

Pero no servía de nada la palabra de un borracho, ni tampoco la de un loro que aún no había probado el vino. A las pocas semanas Boadilla embarcó en las carabelas en las que había venido. En la bodega del barco llevaba tres prisioneros ilustres. El más importante, Cristóbal Colón, iba tan cargado de cadenas que su carcelero quiso liberarle de ellas; pero Colón, hablando más para la Historia que para sí mismo, se negó:

—¡Déjadmelas! ¡Así me han de ver! Si me han puesto los grilletes, no me los quitaré, y quedarán como reliquia y premio por mis muchos servicios prestados a España.

27

El huracán del diablo

l explorador Cristóbal Colón, el almirante de la Mar Océana, el protegido de la reina, gobernador y virrey de las nuevas tierras, regresaba a España cargado de cadenas.

La noticia se extendió rápidamente nada más desembarcar en Cádiz. Muchos la recibieron con alegría, pues para sus adversarios Colón era aquel que había descubierto tierras de vanidad y engaño para sepulcro y miseria de los hidalgos castellanos.

Los reyes no eran de la misma opinión, y nada más enterarse del incidente ordenaron que pusieran en libertad a los tres hermanos y que su almirante fuera a verlos inmediatamente a su palacio de Granada.

Vestido con el hábito de franciscano, Colón entró en el salón del trono, se arrodilló a los pies de la reina, se deshizo en lágrimas y, tras permanecer un rato sin articular palabra, habló con temblorosa voz.

—Majestades, su más humilde siervo siempre ha querido complaceros y velar por vuestros intereses, y si en algo he errado ha sido de buena fe, creyendo hacer lo que debía...

La reina le hizo levantarse, le habló con dulces y comprensivas palabras y le restituyó todos sus títulos y derechos, pero no le permitieron que volviese a gobernar las nuevas tierras.

Colón, con salud delicada y grandes dudas sobre su aventura del mar, se quedó a vivir en Granada, pues allí estaba la Corte y en ella tenía a sus dos hijos a los que apenas había dedicado tiempo.

Fueron casi dos años de encierro en la cartuja y de escribir muchas cartas a los amigos, a la reina y hasta al papa, Alejandro VI, quien había concedido a Isabel y Fernando el título de «Reyes Católicos», pese al enfado del rey de Francia, que se creía más cristiano que nadie.

Al Papa, Colón le pedía que autorizase a los monjes de todas las órdenes religiosas para viajar a las nuevas tierras con el fin de llevar la fe a ellas, y le anunciaba su deseo de preparar una cruzada a Jerusalén.

Era una vieja idea que nunca había olvidado, y que en este tiempo de encierro y reflexión se le hizo necesaria, y así se lo contó a la reina, quien le pidió que le ampliase los detalles de tal proyecto. Pero Colón no tenía estrategia alguna, sólo una idea infantil de llegar a Jerusalén por Occidente tras dar la vuelta al mundo y sorprender a los musulmanes por la retaguardia.

—Porque yo sé que el Señor me ha elegido para tal alto fin...

Mientras Colón escribía, leía la Biblia, luchaba por sus derechos y soñaba con realizar una hazaña que le devolviera el nombre y el prestigio perdidos, la Historia seguía su curso cada vez más acelerado.

El descubrimiento de las nuevas tierras había cambiado el mundo, y como Castilla no había hallado aún el camino directo a la India, los demás países europeos mandaron sus naves y sus mejores hombres en su busca.

El rey Fernando observó la situación cada vez más preocupado: el portugués Vasco de Gama acababa de desembarcar en

Calcuta y la ruta de las especias ya tenía un camino marcado por el Este y pertenecía a Portugal. Era necesario hallar un trayecto más corto por el Atlántico, así que llamó a Cristóbal Colón para que organizase urgentemente una nueva expedición. Al fin y al cabo seguía siendo su mejor explorador.

Para este cuarto viaje las instrucciones reales fueron muy claras, y así se lo repitieron:

—Debéis olvidaros de explorar islas nuevas, de buscar oro y de comerciar. Tampoco podréis hacer esclavos, impartir justicia ni pisar la tierra de La Española, a donde hemos mandado a un gobernador que es un alto caballero y tiene toda nuestra confianza.

—Pero majestades...

—Habéis de centrar todos vuestros esfuerzos en hallar un camino a las tierras de la especiería —le recordó el rey Fernando—. Y no olvidéis que confiamos en vos más que en ningún otro para tan alto viaje.

En aquel tiempo casi todos creían que las tierras descubiertas no tenían nada que ver con Asia. Colón también lo pensaba en algunos momentos, aunque nunca lo reconoció oficialmente, y siempre volvía a su idea de que era la zona oriental de Asia. Y hacia allí se encaminaba, pues el almirante suponía que entre la tierra firme del más allá, que para él era Cuba, y la tierra firme del más acá, que era Venezuela y la zona del Paraíso, debía de existir un paso que comunicara las aguas del Atlántico con las del otro océano ya descubierto.

Ese fue el objetivo de su cuarto y ultimo viaje.

La expedición constaba de cuatro carabelas y ciento treinta y cinco hombres, entre los que estaban su hermano Bartolomé y su hijo menor Fernando, que tenía la misma edad que él cuando pisó un barco como grumete en su tierra de Génova.

—¡Uff, hace ya tanto tiempo!

Quiso recordar aquellos días y los vio tan lejanos e irreales que le parecieron otra vida. A partir de ahora, Cristóbal Colón se refugiará, con frecuencia, en sus recuerdos más antiguos y en la religión para soportar mejor la decandencia, el descrédito y la enfermedad. Se sentía un enviado de la Santísima Trinidad y creía que era su destino descubrir aquellas tierras para la cristiandad.

Siguiendo las corrientes de los vientos alisios, cruzaron el Atlántico en muy pocos días. Era la travesía más corta de todas las que había emprendido, pero al pasar cerca de La Española, Colón vio abundantes delfines y lobos marinos en la superficie de las aguas cuando en aquellas latitudes suelen estar en las profundidades, así que, como experto marinero, le dijo a su hijo Fernando:

—¡Bajad a mi camarote, hijo, que va a llegar una gran huracán!

—Pero, padre, vedlo bien, el agua está en calma, como tantas otras veces.

—¡Las señales de la mar no engañan!

El almirante pidió permiso al gobernador para entrar en el puerto de Santo Domingo y proteger sus naves, al tiempo que le dijo que en siete días no se hicieran a la mar los barcos que allí había atracados.

El gobernador, que conocía los deseos de los monarcas, le negó tal permiso y, orgulloso, no hizo ningún caso de la advertencia de Colón. A los dos días salía del puerto la mayor expedición que hasta entonces se había envíado a España: veinticuatro barcos bien cargados de oro, que a las tres horas de zarpar fueron barridos por aquel terrible huracán, mientras que la flota del almirante apenas sufrió daños pues se había refugiado en la desembocadura de un río.

—¡Otras tormentas se han visto —dijo Colón a su hermano—, pero no han durado tanto ni con tanto espanto!

Grande fue el desastre, grandes las pérdidas y grande el resentimiento: veinte barcos se hundieron y murieron más de quinientos hombres, entre ellos el funcionario real Francisco de Boadilla y Antonio Torres, que mandaba la expedición.

Tres naves consiguieron regresar en muy mal estado a Santo Domingo, y tan sólo una, la más pequeña, llamada *Aguja,* desembarcó en Cádiz. Esa carabela transportaba el oro que pertenecía a Colón y que había reclamado desde España, una casualidad que despertó la envidia y los temores de los españoles de la isla, que comenzaron a echarle la culpa de lo ocurrido.

—Tiene un pacto con el diablo.

—¡Es un brujo! ¡Es un brujo!

28

El día del eclipse

quel huracán fue el anuncio de su fatal destino. Cristóbal Colón y los marineros de sus cuatro naves vivieron, durante esos meses de exploración por el golfo, los días más terribles de su vida.

A pesar de la fiebre, que no le abandonaba, y de sus dolores de artritis y gota, lo más duro para él era haber embarcado a Fernando, y así se lo dijo a su hermano Bartolomé:

—¡El dolor de ver a mi hijo aquí me arranca el alma!

Durante esta difícil travesía del Caribe no cesarán las tormentas, cada vez más fuertes, y el viaje se convertirá en una feroz y desigual lucha contra los elementos. «En todo este tiempo —escribe en el diario de a bordo— jamás cesó el agua del cielo, y no para decir que llovía, sino que aquello parecía otro diluvio. La gente estaba tan molida que deseaban la muerte para salir de tantos martirios. Los navíos ya habían perdido dos veces las barcas, anclas, cuerdas, y estaban abiertos y sin velas.»

¿Cómo habían llegado a aquella situación?

Tras salvarse del huracán y dejar La Española, Colón navegó por las costa de Jamaica y Cuba; de allí saltó hasta la tierra del continente y se propuso seguir recorriendo sus costas hasta dar con el paso al océano.

Al llegar a la zona más estrecha de la actual Centroamérica, supo que debía estar muy cerca el paso que conducía al mar de las especias; pero sus intuiciones no se cumplían, pues la costa continuaba, y de pronto descubrieron un lugar donde los nativos iban cargados con adornos de oro.

—¡Detengámonos! —ordenó de inmediato Colón.

—Cristóbal —le dijo su hermano—, el rey os ha dicho que no hagáis otra cosa sino buscar la ruta de las especias.

—Es por el bien de Castilla, querido Bartolomé. En dos días, aquí he visto más oro que en cuatro años en La Española —exageró Colón, y mandó establecer un poblado que llamó Santa María de Belén, para recolectar y almacenar el oro, como había hecho Portugal con La Mina. Era el primero que se levantaba en la tierra firme del continente.

Pero el destino no estaba a su favor. Los nativos de aquel lugar no resultaron tan pacíficos como los que habían conocido hasta entonces y, para colmo, llegó la estación de sequía, descendieron las aguas del río donde habían atracado sus naves, y éstas quedaron encalladas y muy maltrechas, porque los moluscos habían picado su casco.

Rápidamente tuvieron que dejar su búsqueda de oro para sacar las naves al mar, lo que hicieron con mucho esfuerzo y sufrimiento, cargándolas con sus propias manos; y en ello andaban cuando fueron atacados por los indios. Una de las flechas atravesó la espalda de Bartolomé.

—Hermano mío —se agachó Colón a recogerle—, ¿por qué os forcé a que vinieseis conmigo! ¡Oh, Señor, dadle fuerzas y vida! ¡No os vayáis ahora, cuando más os necesito!

Por suerte para ellos, las escasas armas de fuego hicieron huir a los indios, y rápidamente se embarcaron los españoles en las deterioradas naves dispuestos a llegar, al menos, hasta La Española.

La trayectoria era difícil. Las naves iban tan destrozadas que apenas si podían dirigirse y, además, la despensa estaba casi vacía: sólo les quedaba algo de aceite y un bizcocho, el alimento básico de los marinos en aquel tiempo, pero llevaba tiempo podrido.

Fue un espectáculo de supervivencia y horror que impresionó a Fernando, el hijo de Colón, un chico de trece años que más tarde recordaría así aquellas duras jornadas: «Después de meses de navegación, con los calores y la humedad del mar hasta el bizcocho se había llenado de gusanos que, ¡así Dios me ayude!, yo vi a muchos que esperaban a la noche para comerlo y no ver los gusanos que tenían; y otros estaban tan acostumbrados ya que no se preocupaban de quitarlos aunque los viesen...».

Tampoco le resultaba fácil ver a su padre con unos dolores tan fuertes que le obligaban a dirigir el barco recostado en un camastro, pues no podía mantenerse en pie.

Los tres barcos (habían perdido uno en Belén) apenas avanzaban. Los marineros estaban mal alimentados y no paraban de achicar el agua que inundaba las cubiertas.

A duras penas llegaron a Cuba, un inesperado éxito que les hizo confiarse y volver otra vez al mar: La Española no estaba tan lejos.

Pero fue imposible alcanzarla. Cuando estaban a sólo cien millas de sus costas, tuvieron que acercarse urgentemente a la tierra más próxima, que era la isla de Jamaica, porque las naves se hundían definitivamente.

Allí mismo levantaron un campamento con los restos del naufragio y comenzaron a comerciar con los indios, a los que les daban regalos, espejos y vidrios a cambio de comida, mientras dos voluntarios se lanzaron al mar en una canoa.

—Mi señor, tengo una vida y sólo una. Estoy dispuesto a aventurarme en vuestro servicio y por el bien de los presentes, porque confío en Dios... —le dijo Diego Méndez, un joven al que no le importaba vivir su última aventura por salvar a los demás.

Las esperanzas renacieron en los sufridos marinos, pero según pasaba el tiempo comenzaron a desanimarse.

—¡No hay que preocuparse! —dijo Colón a sus hombres, que parecían más espectros que humanos—. Diego habrá alcanzado ya La Española y en pocos días vendrán a socorrernos.

Lo que no sabía el almirante es que el gobernador, un alto hidalgo extremeño, no tenía ninguna prisa y tardaría un año en enviar sus naves de rescate. En ese tiempo, los hombres comenzaron a revolverse.

—¡No podemos aguantar más así!

—Hay que seguir esperando.

—¿A qué?, ¿a que nos rescaten? No sabemos siquiera si Diego llegó sano a la isla.

—¡Vayámonos! ¡Tomemos las canoas! ¡Mejor morir en el mar que seguir así!

La situación era desesperada, y más lo fue cuando se les agotaron los objetos para comerciar, pues los indios, que no eran tan amistosos como los que conocieron en su primer viaje, se negaron a llevarles más comida a cambio de nada.

Pero como Dios vela por sus más humildes siervos, no iba a permitir que Cristóbal Colón y sus hombres perecieran allí, muertos de hambre. El almirante, buen marinero que conocía a fondo los astros, supo interpretar las señales divinas. Y se dio cuenta de que esa misma semana, el 29 de febrero exactamente, se iba a producir un eclipse de sol al mediodía. Así que, con gran ceremonia, convocó a los nativos al amanecer de ese día, y les habló:

—Viendo el poco cuidado que nos tenéis, Dios ha decidido castigaros y pasaréis hambre y tendréis enfermedades...

Los indios estaban asustados. No comprendían todas las palabras de Colón, pero sí entendían lo que quería decirles. Algunos dudaban, pero el almirante sabía bien lo que hacía.

—Para demostraros que mis palabras son ciertas —continuó—, el sol, que acaba de aparecer en el horizonte, se apagará cuando llegue a lo más alto.

Y tal como lo contaba, ocurrió.

El día se había convertido, de repente, en noche.

Los indios corrieron al poblado de Colón para pedir que Dios no les castigase, y algunos ya le llevaban alimentos.

El almirante, para dar tiempo a que el eclipse pasara, dijo:

—Dejadme ahora, he de ir a hablar con Dios —se retiró al acantilado, y al cabo de unos minutos regresó.

Los indios seguían asustados, se movían nerviosos de un lado para otro, y casi todos gritaban. Colón habló entonces:

—Dios os perdonará si sois buenos con nosotros y nos traéis alimentos todos los días.

—Buenos, buenos, ser buenos.

Y entonces el sol volvió a aparecer en lo más alto del cielo, pues ya había pasado el tiempo del eclipse.

29

El secreto mejor guardado

o es difícil atravesar el océano, descubrir las nuevas islas o tierras que vayan surgiendo en la travesía y dar la vuelta al mundo, si llega el caso. Al fin y al cabo, la Tierra es redonda, como ya dijo Ptolomeo en la antigüedad, y una vez que se acepta que es redonda, es una cuestión de lógica pensar, como pensaba Colón, que por el Oeste se podía llegar al Este, y en su caso, a la tierra de las especias y el oro.

Pero el hombre ni es razonable ni suele ver lo evidente. El proyecto de Colón era algo que se respiraba en aquel tiempo, que estaba en el aire, a punto de materializarse. Y si no llega a ser él, más tarde o más temprano alguien hubiese seguido sus pasos.

Ya hubo intentos de atravesar el Atlántico, pero fracasaron porque los capitanes de esas expediciones no eran tan buenos marineros como Colón, ni tenían su enorme fe que, como sabemos, mueve montañas y océanos.

Además, ante un viaje a lo desconocido, la principal preocupación era asegurarse la vuelta, y por ello se navegaba por altas latitudes y con el viento en contra.

A Cristóbal Colón, sin embargo, no le importaba el regreso o, más bien, sabía que había una ruta de ida y otra de vuelta, separadas por cientos de kilómetros, ya que los vientos en el centro del Atlántico soplaban en dirección contraria a las agujas del reloj.

Colón lo conocía porque había pasado su vida recorriendo todos los mares, desde la isla de Thule hasta Guinea, observando el cielo y las corrientes y, además, porque tenía un secreto que había sido bien guardado.

Ahora, apoyado en la cubierta de la nave que le traía a España, recordaba aquel encuentro con el piloto desconocido de Porto Santo. Posiblemente sin él no hubiese llegado a donde había llegado.

Pero no fue el único. Las cartas y el mapa de Toscanelli resultaron decisivos para convencerse de que merecía la pena tener paciencia y aguantar ocho años, como aguantó, alrededor de la Corte, esperando que la reina le proporcionara las naves y le dijera ¡adelante! Y además estaban los amigos, toda aquella gente que creyó en él y que le dio ánimos y le apoyó ante los monarcas: fray Marchena, Diego Deza, el prior Juan Pérez, Luis Santángel, el duque de Medinacelli...

Todo esto lo recordaba ahora, porque sabía que ya nunca más volvería a la Mar Océana ni a pisar las tierras que él mismo descubrió para la cristiandad.

—¡No tengo cabello en mi persona que no sea cano, y el cuerpo enfermo y gastado! —suspiró, mientras divisaba la punta de la península Ibérica, y si dijo lo de «cano» no era por el color, que así lo tenía desde antes de llegar a España, sino por los sufrimientos padecidos en los últimos diez años.

Los más terribles acababa de dejarlos atrás, y si los aguantó fue porque creyó que era la penitencia que el Señor le enviaba, y porque con él había embarcado a su hermano y su hijo Fernando.

Todos ellos habían pasado unas pruebas demasiado duras y estaban vivos de milagro, pues tras convencer a los indios —con

el truco del eclipse— de que debían llevarles alimentos, siguieron aguardando el socorro de la isla, que no llegó hasta un año después.

El gobernador envió la nave más vieja para rescatarlos, y una vez en La Española, les retuvo allí malamente hasta que consintió que embarcasen rumbo a la península.

La cuarta travesía de Colón a las Indias, el «alto viaje» que le encomendó el rey Fernando, había sido su mayor fracaso: ni halló el paso a las Indias, ni consiguió oro y ni siquiera regresaba con sus propias naves.

Más que cansado, se sentía muerto en vida, pero debía sacar fuerzas porque la lucha no había acabado: tenía que pedir a la reina que le devolviese sus privilegios y títulos, no ya para él, sino para sus descendientes.

Comenzaba otra aventura en España. Pero dos semanas después de llegar, Colón se entera del fallecimiento de la reina católica Isabel I de Castilla, que sucedió, según recogen las crónicas de la época, en uno de los días más lluviosos que se recuerdan. Con su muerte, Colón sentirá que se ha quedado más solo, desamparado e incomprendido, y que ha perdido a alguien que siempre creyó en él y le trató con cariño. Ahora se daba cuenta.

Desde Sevilla, mientras se ocupa de dejar ordenadas sus cosas antes de morir, manda cartas al rey, pero Fernando tardará meses en contestarle. Al final, cuando le recibe en el alcázar de Segovia, el rey aragonés le informa:

—Los asuntos de los que me habláis no son cosa mía. Las Indias pertenecen a Castilla, así que debéis hablar con los nuevos soberanos, mi hija Juana y su esposo, Felipe.

Aquella respuesta no le gusta nada a Colón, pues significa un aplazamiento más de sus derechos y nuevas luchas por pedir lo que considera que es suyo y así le concedieron en las capitulaciones firmadas en Granada.

—Pero majestad, yo he servido a vuestra causa y os serviré este tiempo que el Señor me dará de vida —el almirante, que apenas se sostiene en pie, ve la indiferencia real, y con orgullo y reproches, añade—: Recordad que yo fui elegido por el cielo para tan alta misión y la quise poner a vuestro servicio pudiendo haberme ido a otros reinos de la cristiandad.

Pero el rey Fernando tiene, ya de por sí, demasiados problemas en su reino como para seguir escuchando los delirios de un cadáver viviente.

Colón regresa a Sevilla en parihuelas, una especie de camilla de madera, pues ya no puede viajar a caballo y ni siquiera sentado.

¡Qué lejos queda el mar de aquellos caminos tan largos y polvorientos!

Mientras avanza lentamente, de cara al cielo, le llega la imagen moribunda de aquel piloto de Santo Porto que expiró en sus brazos. Ahora, que Colón está cerca de la muerte, cree recordar el nombre del piloto, algo así como Alonso Sánchez, y cree que era de Huelva. Nunca pudo olvidar aquella mirada torcida y agotada ni sus últimas palabras.

—Más allá de la Mar Océana hay islas y tierra firme con hombres que son como nosotros, descendientes de otros que llegaron de manera que parece cosa de magia.

—¿Cómo puede ser?

—Nuestro barco salió de Cabo Verde, pero una tormenta le desvió hacia el Sur y entonces nos topamos con una corriente que en veinte días nos llevó a un mar con otras aguas y muchas islas que nos recordaron al paisaje de Guinea, pero lo más asombroso es lo que vimos en una de ellas...

—¿Qué fue?

—No os lo vais a creer. Al principio pensé que era el hambre y la fiebre la que me hacía delirar, pero mis compañeros veían lo mismo que yo. Nos tuvimos que frotar los ojos para asegurarnos de que no estábamos soñando ni se trataba de un espejismo.

—¿No sería un monstruo de los que suelen hablar los marineros borrachos?

—Algo más espantoso aún. Más espantoso. Sobre los árboles de la selva contemplamos una carabela casi destrozada, que estaba colgada de sus ramas como si fuese un pájaro. Nos acercamos y hallamos a un marino que, moribundo, nos relató que habían llegado hasta allí volando. ¿Cómo puede ser posible?, preguntamos. Y nos contó que habían salido del fuerte de La Mina y que una tormenta les desvió hacia el Sur, como a nosotros. Pero antes de que se dieran cuenta de su situación, un huracán de huracanes levantó el barco del agua como si fuese una hoja. Cuando pudieron abrir los ojos ya estaban ahí colgados, y la mayoría había fallecido. El marino creía estar en una isla de Cabo Verde, pero entonces le conté que nosotros también nos habíamos perdido y estuvimos viajando veinte días hacia el Oeste, se desmayó y ya no volvió a respirar.

Lo que el piloto y el almirante no sabían es que una o dos veces al año se levantan en la costa africana tremendos huracanes que van creciendo por el mar y llegan al Caribe y al golfo de México a una velocidad superior a los trescientos kilómetros a la hora, arrasando todo a su paso.

Agotado por estos recuerdos, Cristóbal Colón cerró los ojos acribillado por el polvo y el sol de Castilla.

Una vez en su casa vuelve a escribir cartas a sus pocos amigos de la Corte, a los nuevos reyes de Castilla e, incluso, al Papa para que interceda por él y sus derechos. Durante esos meses, su único consuelo es la religión. Lee continuamente la Biblia, se sabe de memoria el pasaje de Job, y escribe versos para poner en orden su alma:

> Recuerda con gran tiento,
> hombre, cualquiera que seas,
> tener siempre en pensamiento
> a Dios y su mandamiento
> si con Él reinar deseas...

FINAL

In manus tuas, Domine...

hora que Cristóbal Colón sabe que su fin está cerca, se siente derrotado: «Para el que sufre como yo he sufrido, para el cansado corazón ya huérfano...», suspira, casi en delirio. Sólo alivia su tristeza el saber que su primogénito se ha casado con la sobrina del duque de Alba, y que Fernando, muy aficionado a los libros, está formando la mejor biblioteca del reino.

Se muestra orgulloso de sus hijos, pero no tanto de su comportamiento con Beatriz, a la que dejó, casi siempre, en el olvido y el abandono.

Ahora poseía grandes riquezas, y aunque seguía luchando en los tribunales porque le reconocieran todos sus derechos, había entrado en la nobleza, como soñó de niño, y sus hijos heredarían sus títulos para siempre jamás.

Había sido una vida de éxito, sin embargo, como hemos contado, se sentía profundamente fracasado.

—¿Por qué? —se interroga en su lecho—. ¿Por qué esa sensación de derrota íntima?

Se había pasado toda su vida haciendo viajes a otras tierras, intentanto descubrir los tesoros escondidos de los nuevos lugares y no había tenido un momento de paz, porque la gloria, ¡tan efímera!, tampoco da paz.

Y lo que más ha echado en falta en este tiempo —ahora se da cuenta— son aquellos días azules y aquel sol de la infancia a donde no podrá regresar.

Ya está todo demasiado oscuro. No necesita cerrar los ojos para que le lleguen las imagénes risueñas, brillantes, nítidas, de las calles de Génova, en las que unos niños corrían con alegría como si el mundo se hubiese acabado de construir para ellos, y jugaban a perseguirse: «Tres marinos en el mar...»

Y ve a su hermano Bartolomé, siempre fiel, siempre a su lado, y a Miguel Cuneo, con el que compartía las ansias de mar, y a aquellos primos españoles, Jaime y Hernán, que tenían, como él, el sueño de arrebatar Jerusalén a los moros cuando aún desconocían que no es posible la aventura sin la adversidad; porque, si no se tiene capacidad para aceptar los fracasos, es mejor no emprender ninguna acción.

Y todos ellos jugaban felices a esconderse y encontrarse, a buscarse los unos a los otros y de ese modo hallarse a uno mismo, como si eso fuera el sentido de la vida en la Tierra y lo que la Santísima Trinidad quiere para nosotros.

Al descubrirlo, al fin, es como si flotara entre las sábanas, y entonces se ve rodeado de una una luz tan azul, tan blanca, tan intensa que parece que no pudiese crecer más y, de repente, se apaga.

Entonces llega al umbral de la oscuridad, y Cristóbal Colón se dispone a cruzar de nuevo el desconocido océano con el Niño Jesús en los hombros, como el santo que le dio el nombre. Pero esta vez contempla con asombro que el Niño ha crecido y ahora es Él quien le lleva en sus brazos.

Y con una voz profunda, el hombre sin raíces que había pasado sus días hablando en genovés, portugués y español, abre la boca en un último suspiro:

—In manus tuas, Domine, conmmedo spiritum meum.

En las manos del Señor deja su vida, mientras le inunda una infinita paz y tres navíos en el mar van navegando hacia el cielo.

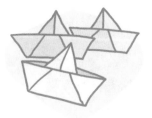

Anexo

Cronología
de los hechos

1402. Una expedición castellana, mandada por el genovés Lanzarotto Molocello, desembarca en las islas Canarias.

1429. La familia Colombo se traslada desde Monconesi, un pueblo en las montañas de los Apeninos, a la ciudad de Génova.

1451. Nace en Génova Cristóbal Colón, primogénito de Doménico Colombo y Susana Fontanarrosa, quienes tendrán cinco hijos.

1453. Los turcos conquistan Constantinopla. Mil años después de la caída del imperio romano de Occidente cae la parte oriental, llamada también Bizancio.

1456. Atenas cae en poder de los turcos. El Partenón se convierte en mezquita.

1457. Portugal llega a las islas de Cabo Verde.

1459. El papa Pío II convoca un concilio en Mantua para anunciar una cruzada contra los turcos.

1467. Colón se embarca como grumete en una nave genovesa.

1469. La familia de Colón deja su casa de Génova y se traslada a Savona, donde el padre abre una taberna.

   -19 de octubre. Se casan Isabel, heredera de Castilla, y Fernando de Aragón, en Valladolid.

1471. En Roma es elegido papa Sixto VI, que manda construir la capilla sixtina.

1474. En Castilla sube al trono Isabel I.

   -El geógrafo florentino Paolo Toscanelli expone al rey de Portugal su idea de que es posible alcanzar Japón y la India navegando por el Atlántico.

1476. Colón llega a Lisboa, tras salvarse de un naufragio.

1477. Castilla logra conquistar las islas Canarias.

1479.   Se firma el Tratado de Alcacovas, por el que se concede a Castilla la propiedad de las islas Canarias, y a Portugal, las nuevas tierras que se descubran al sur de estas islas.
        -Colón se casa en Lisboa con Felipa Moniz Perestrello.
        -Fernando I es proclamado rey de Aragón.
1480.   En España se instituye el Tribunal de la Inquisición, que ya existía en Italia, Francia y Alemania.
1481.   La suegra de Colón le entrega los mapas y cartas de su esposo fallecido, Bartolomé Moniz de Perestrello, el descubridor de Porto Santo en las Azores.
        -Un piloto desconocido muere en casa de Colón y le confiesa el secreto del océano Atlántico.
        -El rey Juan II sube al trono de Portugal tras la muerte de Alfonso V.
        -Fallece Felipa Moniz en Porto Santo, mujer de Colón, quien regresa a Lisboa junto a su hermano Bartolomé.
1482.   Colón viaja a Guinea y desembarca en la Costa del Oro en una expedición que lleva material para construir el fuerte de San Jorge de la Mina.
        -Muere el astrónomo y matemático florentino Paolo Toscanelli.
1484.   Colón expone, por primera vez, su idea de cruzar el Atlántico al rey Juan II de Portugal y a su Junta de Sabios.
        -Es elegido papa Inocencio VIII, que inicia la guerra contra la brujería, quemando a más de trescientas mil personas.
1485.   Colón viaja a España con su hijo Diego, al que deja con su tía Violeta Moniz en Huelva.
        -Colón conoce a fray Antonio de Marchena, su gran aliado, en el Monasterio de La Rábida.
        -Verano. Colón llega a Córdoba, donde está la Corte. Seguirá a los reyes por Andújar, Linares, Valdepeñas, Ocaña y Alcalá.
1486.   20 de enero. Colón es recibido por los reyes en el palacio del cardenal Mendoza de Alcalá de Henares.
        -Colón vive en Salamanca, frecuenta a fray Diego Deza y conoce al príncipe Juan, el heredero.
1487.   La Junta rechaza el plan de Colón, y los reyes se lo comunican en otoño, tras conquistar Málaga.

-Colón conoce a Beatriz Enríquez de Arana, madre de su segundo hijo, Fernando, que nacerá el 15 de agosto del siguiente año.

-El rey Juan II de Portugal envía dos naves en busca de la mítica isla Antilia.

1488. Colón va a Portugal y contempla el recibimiento que hacen a Bernando Díez por haber llegado a la punta de África.

1489. Colón conoce al duque de Medina Sidonia y al duque de Medinacelli, quien se dispone a llevar a cabo su proyecto, pero antes ha de consultar a la reina.

-En Jaén Colón se entrevista con la reina, quien le dice que espere a que acabe la guerra de Granada.

1491. Cansado de esperar, Colón decide irse a Francia, pero antes pasa por el monasterio de La Rábida. Allí conoce al prior Juan Pérez, ex confesor de la reina.

1492. Colón va a Granada. El 2 de enero la ciudad se rinde.

-17 de abril. Los reyes firman las Capitulaciones de Santa Fe, que recogen todo lo que exige Colón: ser almirante, gobernador, virrey...

-Abril. Los reyes firman el decreto de la expulsión de los judíos, algo que ya habían hecho Alemania, Inglaterra, Francia y harán, después, Portugal y Provenza.

-2 de agosto. Fecha límite para que abandonen España los judíos que no se conviertan a la fe católica.

-3 de agosto. Colón sale del puerto de Palos con dos carabelas, *Pinta, Niña* y la nao *Santa María,* que será la nave capitana.

-12 de octubre. Llegan a la primera tierra americana: la isla de Guanahaní (San Salvador).

-28 de octubre. Colón desembarca en Juana (Cuba), de la que cree que es tierra firme.

-22 de noviembre. Alonso Pinzón con su nave la *Pinta* se aleja de Colón y va a explorar por su cuenta.

-6 de diciembre. Colón llega a Haití, que llamará La Española, donde levantan el fuerte de Navidad.

-En Roma, es elegido papa el español Rodrigo Borja, que toma el nombre de Alejandro VI.

-Antonio Nebrija publica la *Gramática de la lengua castellana,* la primera gramática de una lengua romance.

1493.   6 de enero. Colón y la *Niña* se encuentran con Alonso Pinzón y la *Pinta.* La expedición se vuelve a unir.

-16 de enero. Comienza el primer viaje de regreso a España.

-4 de marzo. Colón entra en el puerto de Lisboa con la *Niña.*

-15 de marzo. Llega al puerto de Palos.

-21 de abril. Colón es recibido con todos los honores por los reyes en Barcelona.

-25 de septiembre. Colón emprende su segundo viaje. Sale de Cádiz con diecisiete naves y mil trescientos hombres.

-27 de noviembre. Colón llega a La Española y encuentra destruido el fuerte de Navidad.

-Diciembre. Colón viaja con cuatro carabelas hacia el sur, llegando hasta la costa de la actual Venezuela.

-Muere Yupanqui, el príncipe que extendió el imperio inca a su máximo esplendor y mandó construir Machu Pichu.

1494.   6 de enero. En La Española se funda La Isabela, la primera ciudad del Nuevo Mundo.

-Abril. Colón explora el sur de Cuba y descubre la isla de Jamaica.

-7 de junio. Castilla y Portugal firman el Tratado de Tordesillas, por el que se reparten las tierras del océano Atlántico.

-Otoño. Antonio Torres llega a España con cuatro carabelas cargadas de oro y esclavos y una carta de Colón para los reyes.

-En Florencia, una revuelta contra los Médicis instaura la república.

1495.   Leonardo da Vinci comienza a pintar *La última cena.*

-11 de junio. Colón regresa de su segundo viaje y desembarca en Cádiz.

-Noviembre. Llega a la Española Juan Aguado, primer funcionario real que investigará la actuación de Colón.

1496.   El papa Alejandro VI concede el título de los «reyes católicos» a Isabel y Fernando.

-Colón manda construir la *India,* la primera carabela hecha en América.

-11 de junio. Colón desembarca en Cádiz, vestido con el hábito franciscano.

-Octubre. Colón es recibido por Isabel y Fernando en la Casa del Cordón en Burgos.

1497.   23 de abril. Los reyes firman una orden que confirma todos los privilegios a Colón: virrey, gobernador y almirante para él y sus descendientes.

-22 de junio. Los reyes firman una orden por la que se concede el indulto a los reos que quieran embarcarse a las Indias.

-Julio. Colón deja la Corte y se traslada a Sevilla.

1498.   30 de mayo. Colón emprende su tercer viaje desde Sanlúcar de Barrameda: ocho naves con doscientos treinta tripulantes.

-Agosto. Colón descubre la península de Paria, territorio continental, y lo que él cree que es el Paraíso Terrenal.

-31 de agosto. Colón entra en el puerto de Santo Domingo, ciudad fundada por su hermano Bartolomé.

-La expedición del portugués Vasco de Gama llega a la India, tras dar la vuelta por el sur de África.

1499.   En Burgos se publica *La Celestina. Tragicomedia de Calisto y Melibea*, obra que refleja el cambio de mentalidad de la Edad Media al Renacimiento.

-Mayo. Los reyes nombran juez a Francisco Bobadilla para que investigue a Colón.

-Luis XII de Francia conquista Génova y Milán.

-Américo Vespucio explora la costa de Brasil en una expedición española.

1500.   La reina Isabel confisca y devuelve a su tierra a los esclavos que llegan de las Indias.

-Octubre: Colón y sus hermanos son mandados a España cargados de cadenas en la carabela la *Gorda*.

1501.   Vicente Yáñez Pinzón llega hasta Brasil.

-Nicolás Ovando es nombrado gobernador de La Española, que ya es una provincia más de España.

1502.   Enero. Colón pide al Papa una audiencia para hablarle de sus descubrimientos.

193

-11 de mayo. Comienza el cuarto viaje de Colón. Sale de Cádiz con cuatro carabelas y ciento cuarenta hombres.

-30 de junio. Un huracán arrasa la flota del gobernador de La Española, Nicolás Ovando, tras no escuchar las advertencias de Colón.

-30 de julio. Colón llega a Honduras y ve próximo el paso a las Indias.

1503. Los Reyes Católicos prohíben la captura de indios para esclavizar, a excepción de los caníbales.

-6 de enero. Colón llega al río Belén, una zona de oro, y allí se construye el poblado Santa María de Belén, la primera ciudad del continente.

-16 de abril. Colón intenta volver a España con sus naves muy averiadas.

-24 de junio. Colón se ve obligado a quedarse en Jamaica. Pide socorro al gobernador de La Española.

1504. 29 de febrero. Colón predice un eclipse ante los nativos de Jamaica.

-29 de junio. A Colón y los suyos les llega la ayuda del gobernador de La Española.

-7 noviembre: Colón desembarca, muy enfermo, en Sanlúcar de Barrameda.

-26 de noviembre. Muere la reina Isabel la Católica en Medina del Campo.

1505. Mayo. Colón emprende viaje a la Corte, que está en Segovia, para entrevistarse con el rey Fernando y reclamarle sus privilegios.

1506. Abril. Llegan a España los nuevos reyes de Castilla, Juana y Felipe. Colón les escribe la que será su última carta.

-20 de mayo. Muere Cristóbal Colón en Valladolid en el anonimato. El cronista de la ciudad no recoge el hecho. Es enterrado en el desaparecido convento de San Francisco.

-1508. Un cosmógrafo dibuja el primer mapa de las tierras descubiertas y denomina América al nuevo continente.

Personajes históricos
más importantes

Bartolomé Colón. Hermano de Colón y su mejor amigo. Fundará Santo Domingo y participará en el cuarto viaje.

Miguel Cuneo. Amigo genovés de la infancia de Colón, que se embarcará en el segundo viaje a las Indias.

Los Centurione. Rica familia de comerciantes genoveses con negocios en Génova, Málaga y Lisboa, para los que trabajará Colón.

Felipa Moniz de Perestrello. Mujer portuguesa de Colón con la que tiene un hijo. Muere prematuramente.

Bartolomé Moniz de Perestrello. Suegro de Colón y descubridor y gobernador de Porto Santo, una pequeña isla de las Azores.

Federico Martins. Canónigo del rey portugués y amigo de Colón, que mantiene correspondencia con el sabio italiano Toscanelli.

Paolo del Pozo Toscanelli. Médico, matemático y astrónomo florentino de rica familia de comerciantes, que afirma que el Océano es navegable y propone una ruta a la India por el Atlántico.

Juan II. Rey de Portugal y primer monarca al que Colón expone su proyecto de cruzar el océano.

Fray Antonio de Marchena. Monje franciscano del convento de La Rábida (Huelva), el único astrónomo de la Corte que cree fielmente en Colón. Será su amigo y apoyo constante.

Hernando de Talavera. Confesor de la reina, se convertirá en el primer obispo de Granada. Preside la comisión de expertos que rechaza el plan de Colón.

Cardenal Mendoza. Hijo del marqués de Santillana, pertenece a la familia más poderosa de Castilla. Es el hombre más influyente de su época, tras los monarcas, y se le conoce como «el tercer rey».

Fernando. Rey de Aragón.

Isabel. Reina de Castilla.

Fray Diego Deza. Uno de los grandes amigos de Colón: le presentará a importantes personajes de la Corte y su influencia será decisiva para convencer a los reyes. Fraile dominico, fue tutor y profesor del príncipe Juan, además de obispo de Zamora, Palencia, Salamanca, Jaén, inquisidor general y arzobispo de Sevilla, ciudad que será la capital del Nuevo Mundo.

Príncipe Juan. El hijo primogénito de los Reyes Católicos, bajo cuya corona se unirían Castilla y León. Fallece antes de subir al trono.

Juana de Torres y Ávila. Niñera del infante Juan y amiga y confidente de Colón.

Antonio Torres. Hermano de Juana, acompañó a Colón en su segundo viaje y fue el que dirigió la expedición que llevó la carta del almirante a los reyes.

Beatriz Enríquez de Arana. Muchacha humilde que conoce a Colón a los dieciséis años y se convertirá en su amante. Tendrán un hijo, de nombre Fernando.

Duque de Medina Sidonia, Enrique de Guzmán (muere en 1492). Amigo de Colón. Sus naves participaron en la conquista de las Canarias, pero no le interesa el proyecto atlántico.

Duque de Medinacelli, Luis de la Cerda. En su casa del Puerto de Santa María vivirá Colón durante un tiempo. Apoya su proyecto, y está dispuesto a fletar tres carabelas.

Fray Juan Pérez. Monje franciscano, prior del monasterio de La Rábida y ex confesor de la reina. Cree en el proyecto atlántico y escribe a Isabel I para que reciba a Colón antes de que se vaya a Francia.

Luis Santángel. Tesorero del reino de Aragón, convence a la reina para que acepte el proyecto de Colón, y se preocupa de lograr la mitad del dinero que cuesta la expedición.

Alonso Quintanilla. Contable jefe del reino de Castilla, organizó las expediciones a Canarias; apoyó a Colón ante los reyes y le ayudó a financiar su primer viaje.

Juan Cabrero. Amigo de Colón y el hombre de confianza del rey Fernando.

Martín Alonso Pinzón. Capitán de la *Pinta* y uno de los marineros más respetados de su tiempo. Al apuntarse al proyecto de Colón, los marinos se animaron a viajar con él. Morirá a los pocos días de regresar de las Indias.

Vicente Yáñez Pinzón. Marinero de Palos y capitán de la *Niña*. Después haría varios viajes personales al Nuevo Mundo, y descubriría la tierra del Brasil.

Juan Rodríguez Bermejo, conocido también como Rodrigo de Triana. El primer marinero que vio el nuevo mundo y gritó «¡Tierra, tierra!» desde la *Pinta,* un 12 de octubre de 1492.

Juan de la Cosa. Marinero de Santoña, propietatario de la *Santa María.* Acompañará a Colón como piloto en el primer viaje, y como marinero en el segundo. Dibujará el primer mapa del Nuevo Mundo.

Luis de Torres. De ascendencia judía, es el intérprete que lleva Colón en su primer viaje.

Alejandro VI. Papa español de la familia Borgia, elegido en 1492, que decidirá sobre la repartición del nuevo mundo entre Castilla y Portugal.

Diego Colón Fontanarrosa. Hermano menor de Colón.

Diego Colón Perestrello. Hijo de Cristóbal Colón y Felipa Perestrello. Heredero de todos sus títulos, se casará con la sobrina del duque de Alba y será gobernador de La Española.

Fernando Colón Enríquez. Segundo hijo de Colón que, a los 13 años, acompañará a su padre en su cuarto viaje.

Francisco Roldán Jiménez, alcalde mayor de La Isabela. Se subleva contra la autoridad de Bartolomé Colón y se establece por su cuenta con un centenar de rebeldes.

Francisco de Bobadilla. Funcionario real que investigará la actuación de Colón en las Indias y le devuelve a España cargado de cadenas.

Nicolás de Ovando. Gobernador de La Española que niega la entrada a Colón y tarda un año en socorrerle.

Américo Vespucio. Florentino al servicio de los Médicis, que se trasladó a Sevilla, trabajó para Colón y le acompañó en un viaje. Se embarcó en otras cuatro expediciones, dos en Portugal y dos en España. El rey Fernando le nombró piloto mayor. Gran divulgador de los viajes al Nuevo Mundo.

TRES APUNTES FINALES

En la Europa de su tiempo, la gesta de Colón fue conocida por casi todo el mundo. Sin embargo la información era confusa. Se creía que el genovés había descubierto varias islas que formaban parte de una nueva tierra para la cristiandad, pero que no había llegado al continente.

Américo Vespucio, un florentino amigo de Colón, se preocupó de divulgar con detalle las expediciones atlánticas en las cinco cartas que dirigió a Lorenzo de Médicis, el gran hombre del Renacimiento. En una de ellas, titulada «Nuevo Mundo», describía las tierras recién descubiertas y afirmaba que eran un continente desconocido.

1 Américo. Dos años después de morir Colón, Martin Waldseemüller, un joven cosmógrafo del duque de Lorena, hizo la introducción a una nueva edición de la *Geografía* de Ptolomeo y dibujó un mapamundi con los territorios descubiertos, que no tenían nada que ver con Asia. Y al gran continente del sur lo denominó América en honor a Américo Vespucio (1451-1512), pues acababa de leer sus cartas.

Años después, al enterarse de que Vespucio se había limitado a explorar los que otros ya habían descubierto y a divulgarlo sin citarlos, trató de rectificar y quiso bautizar al nuevo continente —descubierto por Colombo— con el nombre de Colombia, pero ya era demasiado tarde. Los mapas se habían multiplicado y en toda Europa el nombre de América, que en principio sólo se refería al sur del continente, se había hecho oficial.

Así es la Historia. A veces injusta, y siempre caprichosa.

Y hasta enigmática si se la mira desde otra época. Veamos un ejemplo:

¿Por qué eran tan importantes las especias?, nos preguntamos hoy, que tenemos en un rincón discreto de la cocina canela, clavo, menta, pimienta, ajonjolí, mostaza, anís, tomillo, orégano..., y no lo valoramos. ¿Por qué todo un país centra sus esfuerzos en hallar un camino al sur de Asia? ¿Por qué existía la ruta de las especias desde hacía siglos y, cuando se cierra, se busca una nueva por el mar? ¿Por qué, en la Edad Media, se valoraban tanto las especias?... Estas preguntas surgen cuando leemos la vida de estos marineros y aventureros o, incluso, tras concluir ¡Tierra a la vista!

Las especias eran unos productos carísimos, algunos de ellos tan valorados como el rubí o el oro. En Europa se pagaban altísimos precios por ellas. Y es que en aquella época, la carne —el alimento base de los ricos— no podía conservarse y enseguida olía mal o se pudría... Así que para quitarle ese olor y disimular su sabor se empleaban las especias (algunas, incluso, servían como conservantes) y de este modo se devoraba con placer lo que casi era carne podrida.

Pero la especias se producían en países remotos de Asia. Para que llegasen a Europa debían recorrer un largo camino —camellos, caballos y barcos— en unas costosas y peligrosas expediciones amenazadas por los piratas de tierra o de mar. Su valor final, por lo tanto, llegaba a multiplicarse por mil desde el lugar de origen.

2 Colón. No ha sido sencillo contar la vida de Cristóbal Colón, una vida oscura, confusa y con datos contradictorios, bien sea por la escasez de información o porque el propio Colón se preocupó de enturbiarlos.

Su biografía oficial, la más cercana y exhaustiva, la escribió su hijo Fernando; pero no podemos basarnos en ella ni aceptar los datos que no han sido contrastados, pues es una biografía falseada, hecha al gusto de su padre, que se preocupó por ocultar sus orígenes humildes y por construirse una historia legendaria. Para escribir ¡Tierra a la vista! hemos leído la mayoría de los libros escritos sobre Colón aunque, al final, nos hemos centrado con mayor intensidad en los títulos de Felipe Fernández Armesto, Lourdes Díaz-Trechuelo, Hugh Thomas y Juan Eslava-Galán, tres historiadores y un escritor.

A veces, cuando los datos no estaban claros y había diferentes versiones de un mismo hecho (como la posible correspondencia con Toscanelli), hemos decidido elegir el dato que nos parecía más coherente o que resultaba más verosímil para este libro, que no es una biografía ni una novela, sino una historia: la historia de Cristóbal Colón.

No siempre se han respetado las anécdotas, pero sí el espíritu de lo ocurrido y del personaje. Colón, desde luego, no fue un modelo de conducta, y nos parece —como muestra un botón— suficientemente representativo de su personalidad el detalle de que se apropiara de los diez mil maravedíes anuales prometidos por la reina para el primero que viese tierra.

Al margen de esa avaricia, Colón debía de ser un hombre afable, con don de gentes y capacidad de convicción, aunque también testarudo, obsesivo, iluminado y engreído.

Cuando se cuenta su historia, normalmente las crónicas se suelen extender en sus cuatro viajes a las Indias, donde sucedieron tantísimos incidentes (descubrimientos, luchas, continuas rebeliones, traiciones...) que simplemente enumerarlos daría para varias novelas de enredo y de aventuras. Nosotros hemos glosado tan sólo lo más destacado —la columna vertebral— de cada viaje. En cambio, nos hemos volcado en dos aspectos de su vida que consideramos esenciales y que las biografías suelen citar de pasada: sus siete años en Portugal, donde se formó como marino y se le ocurrió la idea de cruzar el Atlántico, y sus casi ocho años detrás de la Corte española, luchando obsesivamente por una idea que tenía muy clara.

Más de la mitad del libro está dedicado a este período, así como a su infancia —oscura y normalmente despachada en tres líneas—, pues creemos que los años de formación marcan nuestro futuro.

También se insiste en los descubrimientos geográficos y el ambiente marino y atlántico que existía en la época. La idea de Colón flotaba en el aire y ya se habían intentado viajes parecidos.

3 Homenajes. Para dar un tono narrativo a *¡Tierra a la vista!*, y para que fuese una historia con vida propia y no una mera sucesión de datos, nos hemos servido también de personajes que históricamente no existieron pero pudieron existir: los primos de Castilla y Aragón, los dos marineros vascos, el viejo León y su loro *Barragán*. Todos los demás personajes son reales y así los recogen las crónicas.

Finalmente, como divertimento y homenaje, se han incluido —sin remarcar y, a veces, ligeramente modificados— algunos versos de autores latinoamericanos y españoles: Juan Ramón Jiménez, el poeta de Moguer (capítulo 5), Jorge Luis Borges y Rubén Darío (7), José Martí (11), Pablo

TRES APUNTES FINALES

Neruda (15), Ricardo Miró (18), Nicolás Guillén y poesía anónima del Caribe (20), Manuel del Cabral (21), José Asunción Silva (25), César Vallejo (25), Amado Nervo y el último verso escrito por Antonio Machado (Final). También, un recuerdo a Petrarca y a Fernando Pessoa, pues Italia y Portugal forman parte de lo más íntimo de la vida de Cristóbal Colón.

Descubrir estos versos —islas— será una aventura y un juego al que todos estáis invitados a participar.

JOSÉ MARÍA PLAZA

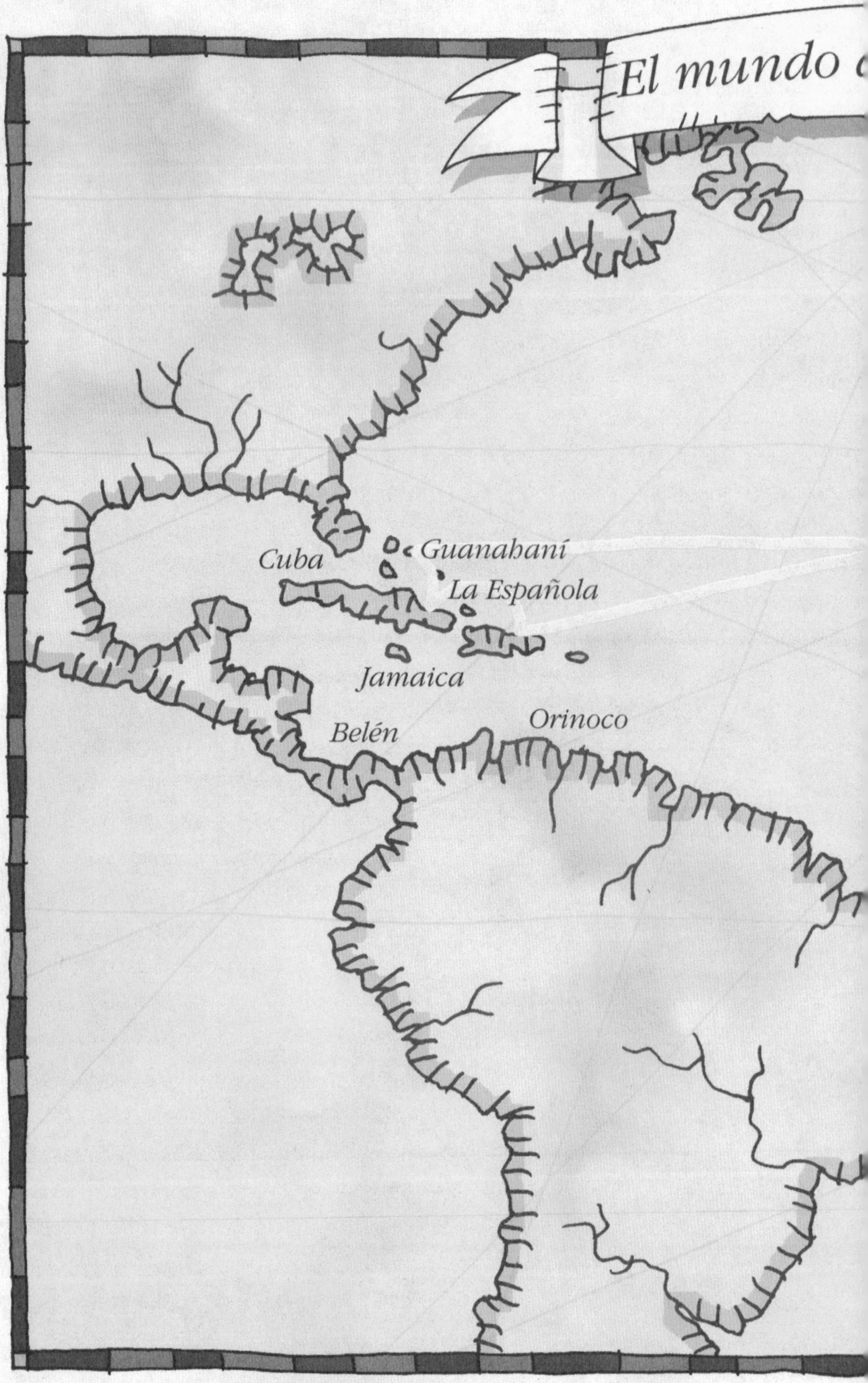

El mundo d

Cuba

Guanahaní

La Española

Jamaica

Belén

Orinoco

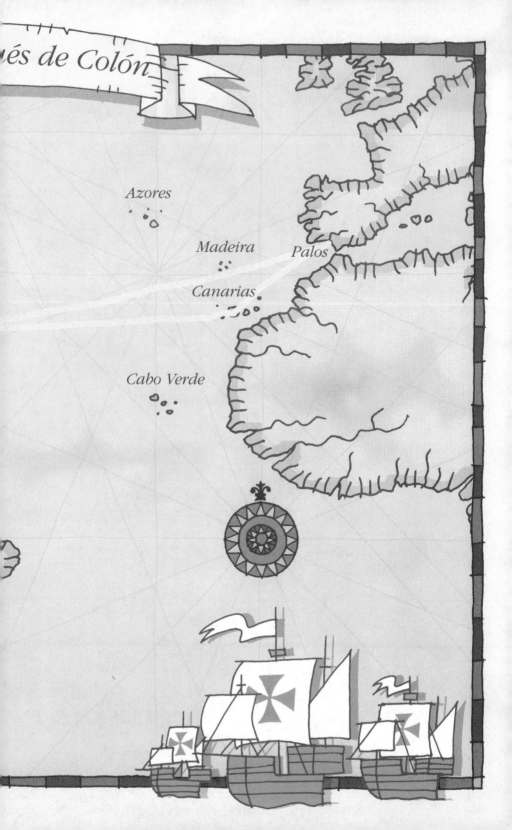

és de Colón

Azores

Madeira   Palos

Canarias

Cabo Verde